赤ペン指導から学級通信への活用まで！

クラスを育てる「作文教育」

書くことで伸びる学級力

多賀一郎 著

明治図書

プロローグ

「作文教育」とは何か

　この本は「作文指導」だけの本ではありません。「作文教育」の本です。
　では，「作文教育」とは何かと言うと，簡単に言えば「作文を中心において，子どもの心を育てること」なのです。三十二年間の教師生活において，僕は作文を子どもたちに書かせて，学級通信（一枚文集）を出し続けてきました。それがあったからこそできたことが，たくさんありました。
　作文には，子どもの思いがあります。直接訴えかけてくるときもあれば，ちらりと垣間見えるときもありますが，書かなければ分からなかったことが，たくさんありました。

　僕の教育の最大の柱は，やはり，「作文教育」でした。
　僕の考える「作文教育」とは，上手な作文を書かせるための指導のことではありません。
　①作文を通して，子どもたちを見つめる。見つめ直す。
　②作文を通して，子どもたちが考えを深める。心を育てる。
　③文集を通して，学級の「共育」が成り立っていく。
　それが，僕の考える「作文教育」です。

　僕に作文教育を続けさせたのは，教育実習のときの一つの作文でした。
　僕は，4年生四十九人という大きなクラスにつきました。実習では，全員の子どもと何か話をしようという目標を立てていました。
　ノートに四十九人の名前を書いて，何か話をしたら，そこに書き込んでい

きました。機会を作っては話しかけていき，一ヶ月でほぼ全員の子どもとなんとか話ができました。

たった一人をのぞいて。

そのO君は，何も話してくれない子どもでした。

給食で隣に座ったら，ともかく話しかけました。弟がいると聞いたので，弟の話題を持ち出して話しかけてみても，反応は全くありませんでした。いろいろ試みましたが，彼は一言も応えてはくれなかったのです。

「あーあ。結局，全員と話すことはできなかったなあ」

そう思っていました。

実は，実習の体育の授業で子どもに無理な運動を要求して，怪我をさせてしまった僕は落ち込んでいました。担任の先生がその子を抱きかかえて連れて行くまで，僕は事故に気づいてさえいなかったのです。教師の資質が僕にはないのではないか，と思いました。

それに加えて，他の実習生はさっと子どもたちのそばに寄っていけるのに，子どもが怖いと感じていた僕は，なかなか近づいてはいけませんでした。運動場で遊ぶときに，一緒に入れてもらうのがやっとだったのです。

「僕は，教師には向いていないのではないか。教師はやめておこう。何か別の仕事を探そう」

そんな気持ちで実習を終えて下宿に帰ってきました。

独りになって，担任の先生からもらった子どもたちの作文を読みました。教育実習へ行くと，最後にいただけるものですよね。だいたいお決まりの言葉が並んでいるものです。

「先生がいなくなると，さびしいです」

「また，神戸市の先生になって帰ってきてください」

そんなきれいごとの並んだ作文には，冷え切った僕の心は動きませんでした。「子どもは，こういうふうに書くものだよなあ」と，しらけた感じで読んでいました。

そう。僕はもう，教師にはならないつもりだったのです。

そのとき，O君の作文に目が留まりました。
「多賀先生は，僕にいつも話しかけてくれます。給食のときにも話しかけてくれます。そんな多賀先生がいなくなるのは，とてもさびしいです。多賀先生がいなくなるのはいやだ」
　何度も読んで，何度も泣きました。下宿で，独りで。熱い思いがこみ上げてきました。
　彼は何も言わなかったけれど，僕のしていたことは，ちゃんと通じていたんですね。書かなければ，決して分からなかったこと……。
　そして，やっぱり，教師を目指そうと思ったのです。
　教師になって，子どものことが信じられなくなったとき，いつもこの作文を取り出してきて，読みました。その度に，熱い思いが沸き起こってきて，なみだがあふれ，自分を叱咤激励してくれました。今でも，この作文のことを思うと，目頭が熱くなります。子どものために精一杯やろうと思えるのです。
　この作文は，教師生活を支えた僕の宝物です。

　学級には，日々，子どもたちの思いがあふれています。でも，教師は何かてだてを持たなければ，その思いを受け止めることがなかなかできません。
　そのてだての一つが，作文なのです。
　でも，ただ作文さえ書かせていれば，それで何もかも分かってしまうというようなことでは，ありません。子どもが思いを書けるためには，精神的にも，技術的にも，必要なことがたくさんあります。
　この本には，そうしたコツや，考え方を書きました。もちろん書く技術を上げる方法も書いています。
　また，学級通信（一枚文集）を書くときには，しっかりとした教師の考え方がなければ，「作文教育」になりません。

　なぜこの作文を今，子どもたちに読んでほしいのか。

おうちの方に何を伝えたいのか。
そのためには、どんな通信を書けばよいのか。
そういうことを、この本では、実践に基づいて明らかにしています。

この本を読めば、学級通信を書いたことのない先生も、学級通信を出して学級づくりをしてみたいと思うことでしょう。今、通信を書き続けている先生は、さらにレベルアップを目指していきたくなることでしょう。

作文には、力があります。
国語というジャンルにとどまらない大きな力があります。その力を使わないなんて、もったいないことです。
そして、作文を通して子どもたちとつながっていくことは、教師として生きていく大きな糧になっていくのです。

「作文教育」を学級に、どうぞ。

多賀　一郎

Contents

プロローグ 「作文教育」とは何か

序章　なぜ「書くこと」が大切なのか

1　書くことは「個」を育てる　14
1　書くことは，心を耕すことだ　14
2　書くことは，考えを深めることだ　15
3　書くことは，主体的な生活を歩むことだ　16
4　書くことは，心を開くことだ　18
5　書くことは，心の記録だ　19

2　書くことは「学級」を育てる　20
1　学級通信（一枚文集）で，学級を育てる　20
2　保護者が学級通信を読む　21

第1章　書く力をつける！　作文"指導"の基礎基本

1　「書く力」とは何か　24
2　書く力①　スキル面から見た書く力　24
1　ものごとを見つめる観察力と，とらえる認識力　24
2　語彙力　24
3　文章を書き続ける力　25
4　構成力　25
5　表現力　26

| 3 | 書く力②　メンタル面から見た書く力 | 26 |

　1　自己開示する力　27
　2　書く（表現する）喜び　28
　3　何事にも興味関心を持つ力　28

| 4 | これだけは押さえたい！評価のイロハ | 28 |
| 5 | 一人の成長を追って | 30 |

第2章　クラスを育てる作文教育
学年別・作文教育を考える

| 1 | 入門期の作文教育 | 36 |

　1　スタートは口頭作文から　37
　　①おしゃべりな子どもに育てる　39
　　②口頭作文で育む力　40
　2　口頭作文と作文をつなぐ　43
　　①ポイント1　名前を全部書く　44
　　②ポイント2　「　」を使う　45
　　③ポイント3　書く題材は一つずつ教える　46
　3　作文としての厚みを増すために　46
　4　保護者に説明をする　47

| 2 | 低学年の作文教育 | 50 |

1　低学年の子どもの実態　50
2　書くことの基本を確実に　50
　①書き綴ることの喜びを体験する　50
　②できるだけ人間を中心に書く　51
　③「　」を使う　52
　④行事や季節についての考え方　52
　⑤題名の工夫・書き出しの工夫　53

| 3 | 中学年の作文教育 | 56 |

1　中学年の子どもの実態　56
2　意欲の差への対応　56
　①「こんな自分です」　57
　②ウォッチング　59
3　書く楽しさを大切に　60
　①「私のはずかしかった物語」　61
　②私は，だあれ？　62
4　基本の二つを徹底する　62
　①基本1　「　」を使う　62
　②基本2　題材指導　63
5　書き慣れる機会を増やそう　66
　①国語学習の中での位置づけ　66

②日常生活の中での位置づけ　68
　　③日記に入る前に取り立て作文指導を　70
　6　実践例　多賀マークの作文教室　70

4　高学年の作文教育　75
　1　高学年の子どもの実態―思春期へ向かう子どもたち―　75
　2　本音を語らせる作文教育のワザ　76
　3　阪神大震災で確かになったこと　78
　　①詩では語れない思いがある　81
　　②公にできないことがある　82
　　③本当に書きたくなったら書く　83
　　④書くことの本質を知る　84
　　⑤受け止めるということ　86
　　⑥通信でつながり合う　87

第3章　作文教育の要！　子どもがもっと意欲的になる赤ペン指導

1　「赤ペン」とは，なんだろう？　92
2　赤ペン先生になろう　93
3　赤ペンの意味　97

4	赤ペンの書き方	99
5	赤ペンは個とのパイプである	99
6	コメントしにくいときの工夫	100

①事例1　子ども同士のもめごと 100
②事例2　家族のトラブル 101
③事例3　先生への悪口 102

第4章　学級通信が大活躍！実例で見る作文教育

| 1 | 学級通信を見直そう | 110 |

　1　読んでもらえることがまず目標である 112
　2　レイアウトを工夫する 112
　　①タイトル・小見出しで注意をひく 113
　　②小見出しやリード文を罫線で囲む 114
　　③段組みを工夫する 115
　　④横組みは解説文向き 116
　　⑤その他の工夫 117
　3　クラス全員の作文を掲載する工夫 120

| 2 | 出し続けることの意義とてだて | 121 |
| 3 | ぬくもりのある「手書き」を活用しよう | 123 |

| **4** | 無理なく楽しもう | 124 |
| **5** | 「ここで出す」というタイミングがある | 127 |

　　1　子ども個人にとってのタイミング　127
　　2　保護者にとってのタイミング　128
　　3　学級にとってのタイミング　129

終章　作文教育の真骨頂！　教師が綴るということ

1	子どもに「書きなさい」と言えるのか	132
2	僕の綴ってきたこと	133
3	子どもたちに救われたことも，そのまま綴る	136

エピローグ
参考文献

序章
なぜ「書くこと」が
大切なのか

> 子どもは書きながら考えていくんだ。
>
> 「それから，こうなって。それから，こう思って…。」
>
> 書きながら，どんどん広がるんだ。

1 書くことは「個」を育てる

　作文を書くということは，それによって，文章力が上達するだけではありません。もっと大切なことがあります。それは，作文を書くことで子ども一人一人（個）が育つことなのです。

　「個が育つ」「個を育てる」という言葉は，よく使われます。ほとんどの教師が「一人一人（個）」が大切なのだと考えています。

　しかし，具体的にどうしていくことが一人一人の子どもを育てることなのかという道すじは，なかなか見えてきません。グループエンカウンターで有名な八巻寛治さんと語ったとき，「やっぱり，なんだかんだ言っても，一人一人にどうしていくかってことなんですよね」という話になりました。

　一人一人に対していくということは，実は，最も大切な課題なのですね。

　では，作文を書くと，どうして子ども一人一人が育つのでしょうか？

1 書くことは，心を耕すことだ

　作文を書こうとするとき，まず，何を書こうかと考えます。さまざまな出来事について詳しく思い出そうとします。

「あのとき，こう思ったんだよなあ」
「そこまで言うつもりはなかったんだけれども，言ってしまった」

「あいつのあのときの表情には，少しぐっときたよね」
「なんて言ったかよく思い出せない」

　そういう心の振り返りをします。その振り返りを何度も繰り返しながら，作文を書こうとします。
　ですから，実際に書いたことよりも，たくさん，心を動かして振り返っていることになります。たとえ，一行しか書けなくても，書こうとしただけで，多くの振り返りができてしまうのです。
　だから，心が耕されることになるのです。
　筆記具を持って紙に向かっている時間が心を耕している時間になるということです。

　人は，作文（特に日記などの生活作文）を書こうとしたとき，まず，「何を書こうかなあ」と思いますよね。そして，一日の生活を振り返って，いろいろな出来事の中から，一つだけを取り出して書きます。振り返りと選別が行われるのです。書き始める前に，頭の中でそういう作業が実際に行われるわけです。
　作文を書こうとするだけで，まずは頭が耕されるということです。

2　書くことは，考えを深めることだ

　日記や作文を書いている途中では，
「あのとき，野村君はどう言ったんだったかなあ」
と，思い出そうとします。
　また，
「前田君は，確か，そんなことは止めとけって，言ったよ」
などと，自分の経験をもう一度思い出していきます。そして，それについての自分の考えを確かにしていきます。

多くの人は，曖昧にものを考えているものです。何かの出来事に対して，そこに至るいきさつがどうだったのか。そのときに，何がどうしたのか。そういうことを具体的にきっちりと思い描いて考えられる人は，ごくわずかしかいないものです。
　だいたいの感覚で考えているのです。

　これを，「思い込み」と言います。

　日記や作文を書こうとするときには，書くために考えているのですから，曖昧なままにはできません。そこがポイントです。書かなければ，さらっと流してしまうようなことでも，書くことが前提になると，きちんと考え直さなければならなくなるのです。
　そういう頭の中の活動が，書き手の考えを深めていくというわけです。

3　書くことは，主体的な生活を歩むことだ

　毎日のように日記を書かなければいけないという意識を持たせると，子どもは，生活しながら題材を探していくようになります。毎日でなくても，「一週間に一度は書かなければならない」とか，「明日は作文を書かなければならない」という気持ちにさせると，書くことを探して生活する子どもが出てきます。

　よい題材を見つけたら，
「あっ，これを書こうっと」
「このことなら日記に書けるぞ」
と，考えます。

　題材探しに集中して頭を使い，書くためにさらに，よく聞き，よく見て，覚えようとします。

　それが，生活に対して主体的な子ど

もの姿の一つだと，僕は考えています。

　僕は，ブログを毎日書いています。これは，ぼんやりと暮らしていたら，書けません。いつも，心のアンテナを張って，いわゆるネタ探しをしています。
　電車の吊り広告。
　通勤途中の駅や電車内でのアクシデント。
　さまざまなところにアンテナを立てて，観察しています。みなさんも，毎日文章を書いてみたら分かります。書かなければならないという気持ちは，生活に対する見方を鋭敏にするのです。
　もっとも，いきなり子どもたちに
「今日から，毎日日記を書きなさい」
などと無茶なことは，言えません。僕だって，毎日書いてきなさいなんて言いませんでした。
「書ける人は毎日書いて出してもいいよ。先生は必ずその日のうちに読みますが，返事は次の日になることもあります。でも，最低，週に一回は出しましょう」
と，言ってきました。
　第一，忙しくて，そんなに毎日全員の日記を見ることなんてできませんからね。

　生活綴方の優れた実践家やスーパー教師なら，毎日見てコメントすることができるでしょう。しかし，僕のような平凡な教師には，毎日のように日記を書かせて提出させるなどということは，とてもできません。
　作文教育だけをしているわけではありません。
　できることから，少しずつすればいいのです。一週間に一回でも，そのときにぼんやりと生活できなくなるのだから，それでいいと思っています。

4 書くことは，心を開くことだ

　作文を書くということは，自己開示することだということです。先生に，クラスの仲間に，自らを開いていくということなのです。自分の生活や自分の心の中にある思いを表に出して，他人の目にさらすという行為なのですから。

　今，自己開示できない人間が増えています。人との距離を近づけることに恐怖感を持ち，安心して周りの者に心を開けないで，自分の世界だけにこもろうとする，そんな人たちが増えています。これには，教育者は危機感を持たなければいけません。

　書くということは，他人に対して，心の中を開示するということです。書かせることで，そういう，内にこもろうとする子どもたちへの，一つのてだてになると考えています。

　もちろん，書いて心を開いていくためには，開く対象への信頼感が必要です。信頼できない相手に心を開いていく人間など，いるはずがありません。
　従って，その対象となる先生と学級の仲間への信頼がなければならないのです。
　信頼が学級内に育ってきていると，仲間の言葉をていねいに受け止めようとします。つたない表現をバカにしたり，内容をあざけったりするようなクラスであれば，書いた作文がそういうクラスに開示されるのだから，書けるものではありませんよね。
　先生が書いたことを笑ったり，きちんと取り上げてくれなかったりしたら，その先生に作文で自分の思いを伝えようとは，思いません。

　学級づくりと並行して，自己開示が可能になっていくということです。

5 書くことは、心の記録だ

　人間は、毎日、喜びや悲しみや腹立ちや疑問等、さまざまな感情を持ちながら暮らしています。それを書き留めなければ、そのときだけのこととして終わってしまいます。

　それどころか、表向きだけ終わってしまって、心の中では、もやもやしたものとして整理されないまま残ってしまうこともあります。そういう「もやもや」が、「心の闇」として、いつか暴力的・厭世的なものとして人生に影響を及ぼすかもしれないのです。

　作文に書くことによって、そういうマイナスの感情も表に現れてくるのです。そして、表に現れたものだから、あたたかく包み直すこともできるのではないかと考えています。

　阪神大震災のことは後で詳しく述べますが、そのときに書かせた作文は、心の記録として、残りました。

　心は目に見えません。写真などには現れないものです。しかし、書けば、それが記録になります。

　　　※ここにあげた「書くこと」についてのプロットは、大石進先生（元京都女子大学附属小学校）から教わったことをもとにして書いています。
　　　また、この内容は、生活綴方においては当たり前のように言われてきたことで、基本的な考え方は、僕独自のものではありません。学生時代から生活綴方を学び、永年実践してきた中で、これらのことが自分の血肉のようになっていきました。

2 書くことは「学級」を育てる

1 学級通信（一枚文集）で，学級を育てる

「書いたこと」は，一枚文集などを通してクラスの仲間やおうちの方々に読まれます。

「へえ，あの子のうちは，大変だったんだなあ」

「僕の家と一緒だ」

「よかったねえ。そんなにうれしいことがあったんだね」

「そんなこと，知らなかったよ」

などと，学級の仲間の考えや体験したことを知り，その喜びや悲しみを共に感じることで共感したり，人として他人と自分も同じだと確認したりできるのです。

まとめると，

- 友達の生の声に触れることで，心が感じて動きます。
- 一人では気づけないことに気づくことができます。
- 一つの家庭だけでは体験しきれない思いを経験できます。

> ——前略——A君の作文を読んで
> 「A君って，のんきだなあー。」
> と思ってしまった。でもそれが一番いいところかも知れない。
> しかし，まんちゃんの作文は悲しい。
> 「やっぱり私のところはましなんだなあ。」
> と思う。
>
> （阪神大震災一ヶ月後の通信から）

ただの書きっぱなしでは，もったいないです。文集にする時間がなかったら，文集にしなくても，クラスのみんなの前で読んであげるだけでも，いいのです。

一人一人の作文が学級の中で活かされ，学級がその作文によって育つ。そういう学級づくりがあるのです。

2 保護者が学級通信を読む

　学級通信（一枚文集）の大きな目的の一つが，保護者に読んでもらうということです。

　保護者には，学校・学級で起きたことが，なかなか正しく伝わらないものです。子どもたちの断片的な言葉や，肝心なことがぼかされた話などしか伝わりません。場合によっては，子どもは自分たちにとって都合のよいことだけを，おうちで話します。

　だからこそ，よけいにきちんと伝えていくてだてが必要になるのです。

　問題行動を起こす子どものことは，悪いことだけが伝わっていきがちです。よいことは，教師が意識して伝えていかないと，悪いレッテルを貼られてしまいます。

　「こんなすてきな子どもなんですよ」

　「こんなによいこともしているんですよ」

と，言葉で示していくことで，全員は無理でも，一部の保護者は，考え方を改めてくれるときがあります。

　次ページにあげたのは，とんでもなくやんちゃな１年生を担任したときの通信から抜粋して解説をつけたものです。

　「多賀先生が１年生に怒鳴るのを，初めて見ました」

と，ベテランの先生に言われるほど，激しい子どもたちでした。

　子どもの言葉だけでは，おうちに子どものよさが伝わりません。「よさを見つけて伝えていく」ための文集でもありました。

第1章
書く力をつける！
作文"指導"の基礎基本

1 「書く力」とは何か

「書く力」については,さまざまな定義があります。それぞれの定義は,主張する方の考え方を反映しています。

僕の場合は,書く力を二つの面からいつも考えてきました。スキル(技術)面とメンタル(精神)面です。常にこの二つのことを考えて学習を組み立てるのは,国語教育において,考えておかなければならないことです。

以下に「書く力」の基礎基本についてまとめました。第2章以後にさらに詳しく述べています。

2 書く力① スキル面から見た書く力

スキルとしての書く力は次の五つが大事だと思っています。これらについての具体例は,後の実践の中で示したいと思います。

1 ものごとを見つめる観察力と、とらえる認識力

思ったことよりも,見たこと,聞いたことを書けることが必要です。周りをよく見ていたら,書けることも増えてきます。

また,同じものを見ても,とらえ方によって意味が変わりますから,このとらえ方が優れていると,書くための大きな力になります。

観察力をつけるためには,ものごとの見つめ方を教えていきます。

2 語彙力

書くときには,どんな言葉を使おうかと考えます。そのときに語彙力が弱いと貧困な文章しかできあがりません。人に伝わる文章になりません。言葉の力が根底にないと,書けなくなります。

低学年のときに個性的な言葉で表現しているように見える子どもは,正しい言葉を知らなかったり,表現が未熟だったりしている場合が多いものです。

ですから、そういう子どもの多くは、高学年になると、魅力的な作文が書けなくなっていくのです。それは、語彙力がついていかなかったのですね。

文章を書くときに、言葉の数をたくさん持っている子どもは、それを駆使することができます。いろいろな表現をすることができるのです。

これは、読書量の多い子どもが圧倒的に有利な力です。本を読むだけで、言葉の数は自然と増えていくものですから。

作文を書く力に関しても、子どもたちに本を読む習慣をつけさせるような指導が必要なのです。

3 文章を書き続ける力

作文を一、二行書いたら、すぐに疲れて（？）書けなくなってしまう子どもがいます。文字を一定量書き続けることができないのです。

対話をしたら、ある程度中身のある言葉が出てくるのに、

「その通りに書いてみてごらん」

と言うと、ぴたりと止まって

しまう子どももいます。こういう子どもたちには、文字をたくさん書き続けるトレーニングが必要になります。

長文の視写を少しずつ練習させていくことで、クリアしていかなければならないでしょう。

授業中にも、書くことを取り入れていくことが必要です。

4 構成力

文章の構成には、次のいくつかのパターンがあります。

日記（生活作文）等に適しているのは，起承転結，無括型（随筆などがそうで，はっきりと考えを主張しない文章構成）などがあります。説明的な文章に近いものとしては，双括型，尾括型，頭括型，順次法型等の文章構成があります。

　文種に応じて，これらを使い分けるのが，文章構成力です。

　構成のしっかりした文章は，確かに分かりやすいものです。しかし，作文や日記を書くときには，構成を考えながら書くということは，まずありません。大人だって，日記やブログを書くときにいちいち文章構成を考えて書いてはいないでしょう。

　構成力は書く力として無視できない大切な力ですが，それほど重要視しなくてもよいと考えています。

5 表現力

　これは，語彙力とも関連があります。

　低学年のときは，表現力はとても幼くて，未熟なものです。言葉の使い方も適切ではありません。その未熟さが，かわいらしかったり，独特の個性があるように見えたりします。

　しかし，これらは，中学年以降，しだいに磨かれて正確に表現できるようになっていかねばなりません。

　低学年のときには個性的な文章を書いていたのに，高学年になるにつれてうまく作文が書けなくなったというのは，この上級の表現力を身に付けていけなかったことが，一つの要因です。

3 書く力②　メンタル面から見た書く力

　メンタル面の力というものは，テストでは決して測れないし，なんとなく分かりにくい曖昧なものです。しかし，確かに，次のような力を持っていると，作文が書きやすくなるというのは，間違いありません。

第1章 書く力をつける！ 作文"指導"の基礎基本

1 自己開示する力

　前の章で「作文を書くということは，自己開示することだということです」と書きました。
　実は，低学年では，それほど大勢に自分がさらされるような意識を持っていないので，臆面なく，何でも書けてしまいます。
「お母さんのお化粧は長いです」
「お父さんは，よくおならをします」
「わたしのお尻に犬がかみついてきました」
等ということを平気で書いてきます。

　それが高学年になってくると，しだいに他人への意識が強くなってきます。人の目を気にするようになるのですね。すると，何でもは，書けなくなってくるのです。
　開示しにくくなっても，人には，自己開示することが必要です。「それなりに開示できる」力，すなわち，全部じゃなくても，少しでも自分の思いや考えを他人に示すことができないと，社会生活では，うまくいかないことが出てきます。
　全く自分のことを開示しない人を信用することはできません。
「あの人は何を考えているか分からない」
と言われては，仕事にも差し支えが出るでしょう。
　適度な開示ができるということは，生活していく上で，必要な力なのです。

27

2 書く（表現する）喜び

　書くことは自己表現です。そのこと自体に喜びを感じられる子どもは，自ら進んで文章を書こうとします。子どもたちには，書く喜びを体験させたいものです。

　作文に限らず，いろいろな形で「書くこと」の楽しさを体感させましょう。

　ただし，物語は喜んで書けるけれども，日記などになるとモチベーションが下がって，書けなくなる子どももいますね。書く喜びは，文種によって変わることがあるということです。

3 何事にも興味関心を持つ力

　自分の周りのこと，周囲の人たちにいつも関心の高い子どもは，いろいろなことに気づき，さまざまな思いを抱きます。

　「気づき」や「思い」がたくさんあれば，当然，文章は書きやすくなりますね。頭の中にたくさんのことがあれば，あふれるように書くことができるというわけです。

　「君たちの周りには，こんなにいろんなことがあるんだよ」
　「なぜ，そこにそういう施設があるのだと思いますか」
　「世の中には，おもしろいものがあるんだね」
等と，子どもたちの興味関心を喚起していかねばなりません。

4 これだけは押さえたい！評価のイロハ

　評価とは，子どもの状態を絶対的に決定してしまうものではありません。
　「この子の作文力は，65点ぐらいだ」
と評価できたとしても，たいして意味はありません。必ず評価したことによって，次のその子の書く課題が見えてこないといけないのです。

　第一，点数で評価すること自体，とても難しいのが作文です。絶対評価が

しにくくて，どうしても曖昧な評価になりがちなのです。

　作文の評価もまた，スキル面とメンタル面の両面から見ていきます。

　スキル面の評価では，指導したことができているかどうかにつきます。もともと，作文の得意な子どもはいつも高評価で，苦手な子どもはいつも低評価になりがちですが，それではスキルの向上につながりません。その子がどう成長したか，どんなスキルが増えたか等を見る，個人内評価が必要なのだと思います。

　メンタル面の評価は，子どもの書いているときの集中度や，書き上げたときの充実した表情など，観察から得られるものです。教師はそういう観察眼を養わねばならないでしょう。

　そして，もっと大切なことは，「作文教育」の視点からの評価です。
　たとえつたない文章であっても，まちがいだらけの文章であっても，人の心を打つ文章というものがあります。

　次ページは，野口英世博士に対してお母さんが書き綴った手紙です。
　誤字脱字だらけです。句点の打ち方もおかしいし，表現も稚拙です。
　でも，強く訴えかけてくるものがありますね。遠いアフリカにいるわが子への切々たる愛情が文面から伝わってきます。どんなにきちんとしていて表現の素晴らしい文章であっても，このつたない言葉で表された「強い思い」には勝てません。

　「作文教育」は，心の教育でもありますから，心に強く訴える文章を評価したいものだと考えます。

> はやくきてくたされ。
> はやくきてくたされ
> はやくきてくたされ。
> はやくきてくたされ。
> いしよの（一生の）たのみて。ありあます
> にし（西）さむいてわ。おかみ（拝み）。
> ひかし（東）さむいてわおかみ。しております。
> きた（北）さむいてわおかみおります。
> みなみ（南）たむいてわおかんております。
> ついたち（一日）にわしをたち（塩絶ち）を
> しております。
>
> 〈一部省略〉
>
> はやくきてくたされ。いつくるトおせて（教えて）くたされ。
> これのへんちち（返事を）まちてをりまする。ねてもねむられません。

5 一人の成長を追って

　僕は，幸いなことに，1年生のスタートから三年間担任を続けたことがあります。そうすると，一人一人の子どもたちについての成長を追うことができるのです。

　武田君という子どもの作文での成長を通して，「作文教育」で大切にしている育ちとは何かが伝わるのではないかと思います。

　立派な社会人になった武田君の許可をもらって，三年間の「書くこと」を追いかけてみたいと思います。

　口頭作文については，第2章の冒頭で詳しく述べますが，入学してすぐに，武田くんが，おうちの方に話したことが次ページの口頭作文です。

　武田君は口数の少ない子どもでした。他の子どもたちがおうちでぺらぺらとたくさん話すときでも，彼は少しずつしか話しませんでした。

第1章 書く力をつける！ 作文"指導"の基礎基本

その少ない言葉をお腹の大きなお母さんが，毎日，少しずつ書き留めてくださいました。

少しずつだけれども，毎日学校であったこと，思ったことについて話をすることが，日課になっていきました。

口頭作文から「あのね帳」に変わっていっても，彼は毎日のように書き続けました。相変わらず，口数の多い子どもではありませんでしたが，書き続けていく中で，彼のものの見方や考えが深まっていったように思います。

そして，12月に，喜びと悲しみを同時に味わうという経験をしてしまったのです。

> ●4月15日 月
> 「きょう，おおきなおにいちゃんたちとうさぎをさわったんだよ。」
> と，楽しそうに話してくれました。
> 「おにいちゃんが，かおをさわるとあぶないよっていってくれて，とってもうれしかった。」
> と，帰ってきました。

> ●せんせい，あのね。 12月13日
> きょう，びょういんにいきました。おとうとがうまれました。
> とてもかわいいです。
> でも，ちょうどその日に，おばあちゃんがきゅうにおふろばでたおれて，しんでしまいました。
> とてもかなしいです。
>
> ●せんせい，あのね。 12月17日
> きょう，おかあさんが赤ちゃんとかえってきた。赤ちゃんはとってもかわいい。もみじのような手で，とってもかわいい。
> おとうととなかよくしてみたい。
> かなしいこともあったけど，赤ちゃんがかえってきて，とってもうれしかったです。
>
> ●せんせい，あのね。 1月1日
> おばあちゃんのおはかまいりにいきました。きょ年はおばあちゃんがいて，とてもたのしかったのに，こ年は，おばあちゃんのつくった「くろまめ」がたべられません。とてもかなしいです。

1年生の複雑な体験でした。作文を読めば、1年生なりに一生懸命に考えていることがよく分かります。

この作文を学年通信「わかくさ」に載せて、子どもたちに読み聞かせをしました。右は、その次の日に、少し前におじいちゃんの亡くなった子どもが書いてきた作文です。

友達の思いに寄り添って、自らの体験と重ね合わせて共感しようとしています。

> せんせい あのね、きょう、たが先生が「わかくさ」をよんでくれました。
> そのわかくさにたけだくんのことがかいていました。
> たけだくんはきっと、かなしいきもちだったと思います。
> ぼくには、わかります。

これこそが、共に育つということだと思うのです。

1年生に人の気持ちが本当に分かるのかどうかは、大切なことではありません。人の思いを自分自身の体験や思いとつなげようとすることにこそ、ねうちがあるのだと思っています。

そして、武田君は、新しい生命である弟をやさしい目で見つめていきました。

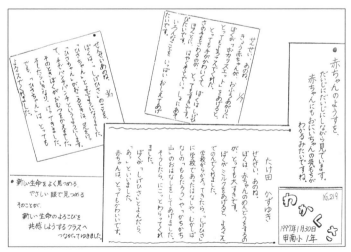

毎日のように書き続けるということは，大変なことです。僕は，そこまで子どもたちに徹底できたことは一度もありませんでした。でも，武田君は，書き続けていったのです。2年生の後半には，こういう作文が書けるまでになりました。量だけではなく，しっかりと考えていることの分かる作文です。

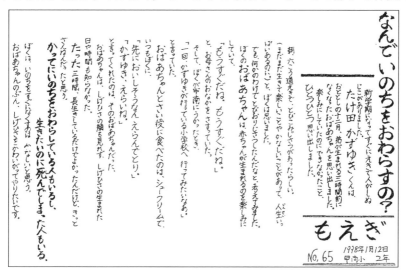

死ぬことと生まれることを同時に体験した彼だからこそ，2年生でこういうことが書けるのでしょう。そして，書くことで，明らかに彼の考え方は成長していったのだと思うのです。

作文というてだてがなかったら，口数の少ない彼の思いは，僕にはなかなか伝わらなかっただろうと思います。書いてくれたからこそ，理解し，共に考えて歩むことができました。

3年生のとき，「おじいちゃんおばあちゃんプロジェクト」と題して，日ごろ学校に来られないおじいちゃんおばあちゃんのための参観日を設定して，子どもたちとお迎えしようとなったときに，真っ先に頭に浮かんだのは，武田君の亡くなられたおばあちゃんのことでした。

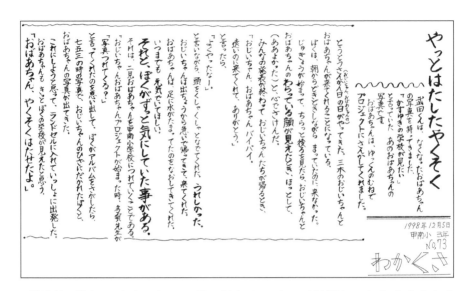

　「写真，連れてくる？」の一言で伝わるのは，三年間このことを共有しようとしてきたことの結果だと思います。

　余談ですが，世の中は不思議なもので，僕は彼の弟をお母さんのお腹の中にいるときから知っているのですが，その後，1年生，5年生，6年生と担任することになるのです。

第2章
クラスを育てる作文教育
学年別・作文教育を考える

1 入門期の作文教育

　入門期とは，1年生に入学したときから，約二ヶ月から三ヶ月の間の時期を指します。一学期をすべて入門期だととらえる考え方もあります。学校に少しずつ慣れていく時期であり，学習というものの最初のステップとなる大切な時期です。
　僕は6月の終わりくらいまでの二ヶ月半くらいを入門期だと考えています。

　幼児期に作文まで書かせてしまう，という指導法があります。モンテッソーリなどは，それで書ける子どもになった，と言っています。
　しかし，ルソーは，
「早くから文字を読み書きできるようになっても，それによって言葉の世界を現実の世界よりも重視するようになれば，教育としては，マイナスだ」
と言っています。
　どういうことかというと，感性や感受性のもとになるものを育てなければならない時期に，言葉の世界だけに入り込むようにしてしまうことが，危険だと言うのです。つまり，幼児期には，文字や文を書けることよりも，実物との出会いを大切にするべきだということです。

　もう一つ大事なことは，文字は覚えたけれども，どうしても使ってみたいというモチベーションが育たなければ，後々，書くことがめんどうでつまらないと感じるようになるということです。
　だから，書きたくなったときに，書くようにさせるのがよいのです。

　ヴィゴツキーという，言葉と心の関係について革命的な理論を打ち立てた天才がいます。
　彼は，幼い子どもでも文字を教え込めば文章が書けるようになるというモンテッソーリの主張を否定しました。

そういう子どもたちは，決まりきった与えられた言葉しか使えず，心から自然と湧いてきたような表現ができないと言うのです。

書くことは心を育てることなのです。子どもの人間性や創造性を育てることなのです。

だからこそ，まずは，「書いてみたい」という気持ちにならないといけないと思っています。そのモチベーションもないのに，いろんなことを書かされて，書くパターンだけ教え込まれても，子どもの心は耕されません。

では，放っておいたら，そのうちに書く意欲が出てくるのか，というと，そうはいきませんよ。だって，テレビにゲームなど，書くことより楽しいことが，子どもたちには山ほどあるのですから。放っておいたら自然と書くようになるということはあり得ません。

やはり書こうと思うためのてだてを打たなければいけないのです。

入門期は，作文についてだけでも，そういうさまざまなことを考えておかねばならない時期だということです。僕は，1年生のスタートからいきなり文章を書かせるようなことは，絶対にしませんでした。

1 スタートは口頭作文から

入門期の1年生はまだ，幼児期から半歩進んだだけです。いきなり文字で字を書かせようとせずに，ともかく，子どもの話を聞いてあげることが大切です。そして，それをそのまま何かに書いて，子どもに見せて読んであげるといいのです。

それが**口頭作文**です。

自分の発した言葉が文章になっているのを見るというのが，「自分も書いてほしいなあ」という大きな意欲になります。

そういう喜びを味わわせてあげるといいですね。

　学校での1年生のスタートは，毎朝，口頭作文から始めます。最初は，名前を呼んで，
　「○○さん，昨日は，どうでしたか」
と聞き，
　「ハイ，楽しかったです」
と返す言葉の繰り返しからスタートします。
　でも，そのうち，ちょっとだけ違う言葉が出てきます。それに対して
　「いいねえ。なるほど」
などと言って，褒めていくと，違うことを言おうと考える子どもが増えてきます。
　これらを録音しておいて，放課後，テープ起こしをして，全員の言葉を学級通信に書いて出します。
　話したことが文章になって，印刷されるということ，紙面で見て読み聞か

せすることによって,「口頭作文」になります。
　「もうちょっと違うことを言ってみよう」
と思う子どもが増えていきます。
　「楽しかったです」以外の言葉が,あふれてきます。
　学校での口頭作文のスタートです。

①おしゃべりな子どもに育てる
　おしゃべりは,書く力のもとになります。たくさんおしゃべりのできる子どもは,たくさん表現する言葉やフレーズを持っています。それはそのまま書く力につながっていきます。
　確かに,中学年以上になってくると,おしゃべりはできても作文を書けと言われるとさっぱりできないという子どもが出てきます。
　しかし,それは,おしゃべりを書く力へと転化できなかったからなのです。

　口で話すことは,文字で書くほどの抵抗感はありません。つたない,覚えたての文字でたどたどしく綴るよりも,口で話す方がずっと楽なことです。見たこと,聞いたこと,考えたことをたくさん話せるようになることが,綴るためのステップだと考えています。

　入門期から,もう作文を書かせるところがあります。字を書けることを前提として小学校生活をスタートしてよいのでしょうか。
　「たくさんの子どもが書けますよ」
という言葉では,書けない一部の子どもを切り捨てることにもなりかねません。
　学習指導要領では,文字は小学校から指導することになっています。

②口頭作文で育む力

口頭作文とは，大人が子どもの言ったことを聞き取って書くことです。右のようなやりとりをそのまま書き記すこと，それだけで，口頭作文になります。

自分の話したことが，文章になるという喜びの積み重ねが，作文に対する意欲につながっていきます。

学校で先生が聞き取って書くだけでなく，おうちの方にも協力していただいて，子どもたちの話を聞き取って，口頭作文にしてもらいます。そうやって，おうちの方も，1年生の生活や思っていることが少しずつ分かっていきます。

子どもたちは，文に書かれることを意識します。そして，第三者に見られるものになると意識しながら，おうちの人に話します。だからこそ，「書くこと」につながっていくのです。

また，おうちの方が先生に書いて提出することで，先生からのコメントが保護者に返されます。

それによって，保護者と先生とのつながりもできていくのです。

口頭作文は，いろいろな意味のある，入門期の必須アイテムなのです。口頭作文を通して，さまざまな力がついていきます。

たとえば，次の三つです。

〈1〉題材を見つける力

「学校でのこと，話してね」
と，お母さんに言われても，何を話したらよいのか分からない子どももいます。

> 「先生，お絵かきしていいの？」
> 「いいよ。」
> 「じゃあ，紙，ちょうだい。」
> 「自由帳に書きましょう。」
> 「なあに，それ。」
> 「そんなのもらってないよ。」
>
> 口頭作文より

学級通信で友達の口頭作文を読んでもらうことによって、どんなことを話したらよいのかということが分かって、題材が増えていきます。これは、そのまま作文の題材を見つける力にも、つながっていきます。

> 「ママ、いいものみせてあげようか。しゅくだいをだしたら、ねこちゃんのスタンプとたがマークをもらえるのよ。たがマークって、せかいじゅうでたった一つしかないんだって。すごいでしょう」

また、学校では、授業の冒頭や朝の会などで、全員に口頭作文をしてもらいます。テープに録音しておいて、後でテープ起こしをして、全員の口頭作文を学級通信に載せて出します。

「明日は、君たちにおうちでの食事のときのことについて、話してもらいますよ」
というように予告しておくと、子どもたちもその題材について意識して見ておくことができます。

〈2〉友達のよさを知る力

友達のよさを子どもたちは見ています。それを口頭作文で文章に残すことによって、形に残せます。

また、クラスの友達の思いを自分たちの思いとして受け止めることもできます。

そこに、教師が「人のよいところ、こんなふうに見ていくといいね」というコメントをつけることで、視点を育てることもできます。

> 「おかあさん、しずちゃん（いもうと）のこと、そんなにおこっちゃ、かわいそうだよ。おねつのしずちゃん、もっとおねつがあっちゃうよ。あっ、それから、さっきそこにこぼれていたしずちゃんのおくすり、ふいといたから」

学校でも読みますが、おうちでもう一度読み聞かせしていただけると、クラスの子ども一人一人の思いが、各家庭の中でも広がっていくことになります。

〈3〉思ったことをそのまま表現できる力

　大人は，よく子どもに
「そんなこと言ってはいけません」
と言います。

　幼い子どもたちには，何が言ってよいことなのか，何が言ってはいけないことなのかの判断はつきません。思ったことをそのまま表現してもよいということを，子どもたちに伝えて，安心して口にできるようにしてほしいものです。

　人の悪口でも，腹を立てたりいじけたりといったマイナスの感情でも，なんでも話せることが大切です。

　口頭作文では，思ったことは，なんでもそのまま口にしてもいいんだよと教えます。

　1993年に書いた学級通信から，おうちの方に「思ったこと」をそのまま表現することの大切さを訴えた，僕の文章を次に示します。

子どもが本音を語るとき

なぜ本音を語ることが大切なのでしょうか。

本音を語るとは，見たことを見たままに思ったことを思ったままに素直に語ることです。

素直とは，心が真っ直ぐなことです。

いじけたり，ひねくれたり，ねたんだりする心は，素直な心からは生まれません。

だから，**子どもに本音を語らせるのです。**

「こんなこと言ったらしかられるかな」
「本当に思ったことを言って大丈夫かな」
「みんなに気持ち，分かってもらえるかな。」
と，周りの反応をうかがいながら，少しずつ本音を語ります。

せっかく語り始めたものを，叱ったり，とがめたり，あざけ笑ったりしたら，子どもたちは口を閉ざしてしまうでしょう。

ちょっと恥ずかしいことでも，耳の痛いことでも，大きな心で受け止めましょう。

2 口頭作文と作文をつなぐ

　口頭作文が定着し，文字を一通り学習し終えた頃から，作文に書くということを始めます。

　このスタートの三日間は，全力で作文指導に取り組みます。

　学校で日記帳を配って，「書き方」を教えて，子どもたちに書かせます。書いたものを集めて，一人一人にていねいに赤ペンで返事を書きます。自分の書いたものに対して，先生が必ず一言返してくれるということは，書き続けるための大きなモチベーションになります。

　次の日に返された日記帳を，子どもたちは一生懸命に読んでくれます。もちろん，僕の書いた赤ペンを何度も読み返してくれるのです。

　さらに，いくつか作品をピックアップして，学級通信（一枚文集）にして出します。自分の書いたものが印刷されて配られるということも，子どもたちのモチベーションにつながります。

　授業中に，その通信を子どもたちに読み聞かせしてから，配ります。そのときに，

　「こういうことを書くといいね」

　「なるほど，こんな書き方もあるんだね」

と，子どもたちに書くためのヒントを，示すのです。

　そして，また作文を書きます。その作文を集めて赤ペンを入れて，次の日に通信を出し……。これを最低三日間，繰り返します。

　この三日間が大切です。ここで，作文の書き方を一気に教えてしまいます。

　授業中に書かせるので，さっさと書けない子どもたちに個別指導をします。子どものそばへ行って，口で話をさせて，

　「その通りに書いてごらん」

と，教えるのです。

　怠け者の僕には，毎日子どもの日記を読んで，全員に赤ペンを入れて，毎日学級通信を出すというようなことは，とうていできません。

　しかし，この三日間だけは，1年生を担任したとき，必ず毎日出すように

していました。

この三日間で、日記を書くときのポイントは、一通り教えます。

右にあげたのは、書くときのポイントについて書いた通信を、まとめたものの一部です。

①ポイント1　名前を全部書く

　名前を全部書くというのは、「作文教育」の基本の一つです。誰がしたことか。誰が言ったことか。それらをはっきりさせるために書きます。

　子どもの頭の中では、いろんなことが一緒になっています。ごじゃごじゃしているのです。書くことによって、それらが整理されていきます。

　また、人の名前を書くということは、人を個人として尊重することでもあります。
「みんなであそびに行きました。」
と書くよりも、
「上田さんと田中さんと中村さんといっしょにあそびに行きました。」
と書く方が、人物の姿が具体的になります。

　こういうふうにすると、作品的にはくどいものになります。でも、よい作品を作ることは、目標ではありません。ものをよく見てとらえるための第一歩だと考えます。

②ポイント2　「　」を使う

「　」（会話文）をできるだけ使おうと指導します。「　」を一つでも使ったら，褒めます。学級通信で，「　」をいくつも使っている子どもの作文を載せると，さらに「　」を使おうとする子どもたちが増えていきます。

「　」を使おうとすると，人の言ったことを思い出さなければなりません。
「あんなことを言っていたなあ」
「僕もこう言ったような気がする」

そうした振り返りが，ものをよく見，よく聞こうとする態度を育てるのです。友達の言ったことや，家族の話した言葉を注意深く聞き取ろうとする子どもたちが出てきます。

次に示したものは，二つの学級通信を重ねたものです。左は，「　」の指導に，右は，人の名前を入れて書くことの指導に使いました。

最初の頃は，一つでも二つでも「　」を使っていたら，学級でそのことのすばらしさを認めていきます。

③ポイント３　書く題材は一つずつ教える

　ポイント２の通信をまとめたもので，真ん中に書いてある中村さんの作文は，おうちでの出来事も書いてくださいという，子どもたちへのメッセージでもあります。
　このように，一枚の通信で題材を一つずつ取り上げていきます。家族といっても，少し離れたところにいらっしゃる祖父母だとか，先生も担任だけじゃなくてもよいとか，身の回りのどんなことでも題材になっていくということを一つずつ教えていきます。

　子どもたちって，案外，どんなことでも題材にしてもよいのだとは，思っていないものなのです。一つずつ教えていくことで，題材として取り上げていく子どもが増えてくるのです。

3　作文としての厚みを増すために

　ほんの一行くらいしか書けない子どももいます。
　それでも，いいのです。少しでも書いたということを認めてあげましょう。たくさん書ける方がよいとは思いますが，
　「もっと書きなさい」
等と言うと，子どものモチベーションが下がります。
　一行の作文を，教師が大事にしていかねばなりません。それが，次に広がっていけるように，じっくりと付き合って個別に指導していけばよいのです。
　でも，一行の日記では，他の子どもが何行も書いている通信にそのまま載せたら，見おとりがしてしまいます。
　そんなかわいそうなことは，できません。
　そこで，書き続けた短い日記を貯めておいて，まとめて通信に載せるようにします。そうすると，一つのことについて，たくさん書いているように見えるのです。

> ◆せんせい　あのね、きょう、弟にひっかかれて目にあたり、ちょっとのじかん、目があけられなかったよ。
> ◆せんせい、きょうも弟のことをかきます。ボールをもつと、いつもなげるかふりまわすか、どっちかです。いつなげるかわからないから、気をつけます。
> ◆せんせい、きょう、弟は、げん気いっぱいで、すごいやんちゃです。いつもげん気でいいです。
> ◆せんせい、いつも弟は、ぼくのランドセルから、ふでばこを出します。ふたをあけて、えんぴつとペンを出します。おかあさんが、「ちょうだい。」ってゆったらかえすけど、ぼくがゆったら弟は「ノー」とゆって、ぜったいにかえしません。
> ◆せんせい、きょう、おばあちゃんがくれたふえを、弟がひとりでふきました。
> ふくときのかおは、すごくかわいいです。

　この文章も、一つ一つは短い弟ネタなのですが、こうやってつなげてまとめると、一つの長い作品に仕上がります。

4　保護者に説明をする

　日記を始めたら、必ず保護者に伝えなければなりません。

　どういう意図でこの日記をしているのかを、きちんと文章化して伝えます。子どもたちに、「必ず、これをおうちの人に読んでもらいなさい」と、指示します。

　そうしておかないと、つたない子どもの文を、いじくる保護者が出てきます。「て・に・を・は」を訂正して、書き直して出そうとされます。

　それでは、「作文教育」がうまくいきません。

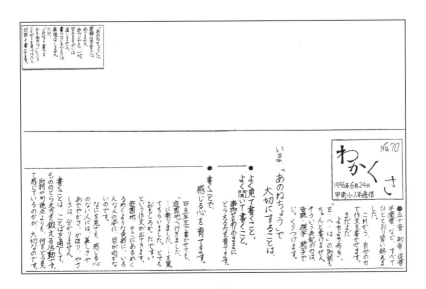

- 国語教育とはちがうのだということ
- 文章表現指導は，音読や書写を通じて少しずつつけていくということ
- 書く意欲を大切にしたいということ
- 量にこだわらなくてもよいということ

等を，繰り返し，学級通信や保護者会で，伝えていきます。

　この「繰り返し伝える」ことが大事です。一度書いただけでは，浸透していきません。

　伝えているつもりでも，

　「字のまちがい，直さなくていいのですか」

と，聞かれます。

　始めたばかりの日記には，次ページの通信に書いたように，「さかっ（サッカー）」や「ししんおとた（しゃしんをとった）」というような表記上のまちがいがたくさん出てきますから，不安になるのも当然です。

　なぜ直さなくていいのかという説明をして，子どもの綴ったものをそのまま大切にしましょうと，訴え続けるのです。

第2章　クラスを育てる作文教育　学年別・作文教育を考える

2 低学年の作文教育

1 低学年の子どもの実態

　1～2年生では，書くことそのものが楽しいという経験をさせるべきです。書いたことを受け止めてもらえるうれしさを体験させてあげるべきです。低学年の表現は語彙が足りませんから，つたないものです。つたないままの表現を自分なりの表現として大切にしてあげることで，子どもたちは，もっといろいろと表現しようという心を持つと思っています。

　この時期の子どもたちは，まだまだ素直に物事をとらえてくる子どもが多いです。成長につれてしだいに薄くなっていく「真っ直ぐな心」で物事を見ようとします。

　だからこそ，この時期に美しいもの，すばらしい心をきちんと伝えるべきなのです。

　低学年の「作文教育」では，世の中の厳しさや，世の中の人の心の難しさ・怖さ等というものには，あまり重きをおかないようにしたいと考えています。子どもの心の中に残るものは，本物の真善美であってほしいと願うからです。

　あたたかさ，やさしさ，思いやり，親切心，家族愛，友情，生き物への慈しみ，そういうものを中心に「作文教育」を考えていきたいものです。

2 書くことの基本を確実に

　低学年での考え方は，基本としては，入門期とほとんど同じだと考えています。その延長上で，さらに固めていくような時期なのです。

①書き綴ることの喜びを体験する

　書く喜びは，自分の表現したことや自分の思いを受け止めてもらえることで，生まれます。教師が赤ペンで受け止め続けることが，一番です。

さらに，学級通信にして，印刷されることでの喜びがあります。一年を通して，どの子どもも何回か登場できるようにしたいものです。
「一人一回ずつの計算で，一年に三十回しか出さない」
と力説する先生がいらっしゃいますが，何のために出しているのかということが抜け落ちているんでしょうね。
　通信にしなくても，学級のみんなの前で先生がその作文を読むだけでも，受け止めてもらえたという喜びがあります。

②できるだけ人間を中心に書く

　低学年の子どもたちには，僕は，
「家族，友達，先生，近所の人など，人間をできるだけ書きましょう」
と言います。
　友達と遊んだときの作文が，したことや思ったことばかりにならないように，友達とのやりとりを書くように指導します。

　家のことを書くときに，日用品・家具などの題材ばかりが並んでいると，僕は不安になります。
「時計はいつも動いている。ずっと休まずに動いている。だから，えらいと思う。」
というような作文からは，家族を思い，家族を見つめ，支え合おうとする姿は，決して生まれないと思います。
　そういうのもよい作文だと言う方もいらっしゃいますが，僕はそうは思いません。
　家族を書く。
　共に暮らす人間を見つめて書く。
　友達や身近な人間との生活を書く。
　そういう「作文教育」をめざしてきました。

③「　」を使う

「　」を使うことを，徹底します。通信で「　」を使うことのよさを認めていくと，さらに「　」を使う子どもたちが増えてきます。

会話文は，人間を書くことそのものなのです。

④行事や季節についての考え方

僕は，いわゆる行事作文の指導はしませんでした。同じような作文が並んでしまうからというのが，一つ目の理由です。

二つ目の理由は，行事があれば作文を書くというパターン化は，子どもを育てないと思っていたからです。

子どもが行事の中で何かに感じて心が動いたときは，何も言わなくても日記に書いてきます。そのときには，その子だけの感じたことが表現されるのです。

だから，あえて行事作文として書かせる必要はないと思うのです。

行事作文を書かせなければならないときは，仕方なく，

「行事のときの，がんばっている友達の姿を見つめて書こう」

というようなテーマで書くように指導していました。

また，季節については，何を見つけて感じたのかということを大切にしたいと考えてきました。

心の動いたときに，そのまま書くということが染み渡っていれば，

「春になったから，春見つけをしよう」

なんて言わなくても，誰かが春を感じて日記に書いてきます。それを通信に書いて紹介すれば，子どもたちはそちらに目を向けて，さらにいろいろなものを見つけて感動を綴ってきます。

> さらさら，さらさら。
> きょう，学校の帰り，近じょのキンモクセイに目がつきました。
> ぼくは，「きれいだな。いいにおいだな」と思いました。キンモクセイのにおいが，風とともにとんでいくのを見て，楽になりました。

⑤題名の工夫・書き出しの工夫

　題名を考えつかないために，なかなか作文の書けない子どもがいます。
　「題名は，後からつければいい。まずは書き始めること」
と，指導してきました。僕は，題名そのものには，あまり重きはおいていません。

　それでも，2年生くらいになってくると，ちょっとしたアドバイスで，工夫できる子どもたちが出てきます。それは，作文のバリエーションが広がるということなのです。

　僕が子どもたちに教えたのは，書いた作文の中から，印象に残る言葉を取り出すと，いい題名になるということでした。特に「　」の中身をそのまま書くと，おもしろい題名ができました。

　そして，書き出しについては，どうしても「わたしは……に行きました」とか「先生，あのね」とかいうものが多いので，音から書き始める書き方というものや，「　」から書き始めるとおもしろいというようなことを，指導しました。

> ドキドキ　ドキドキ。
> 心ぞうの音が聞こえてくるようでした。
> なぜかというと，わたしの目の前におまわりさんが，たくさんすわっていたからです。
> ……

　いずれにしても，少しずつ技術も指導しながら，書き続けさせることが大切です。

　そして，その中で，子どもの思いを赤ペンで受け止め，学級通信を出していきます。

　子どもたちの素直な心をできる限り大切にしていくのが，低学年の作文教育の基本です。

　低学年の作文教育のまとめとして，作文で心を通わせることの大切さを教

> 「ママのおべんとう」
>
> 火曜日、ぼくとパパとゆきのおべんとうをつくってくれて、お母さんのおべんとうをつくっていました。
> ぼくは、
> 「どうしてママのおべんとうをつくってるの。」
> ときいたら、
> 「ゆきちゃんのごはんがのこってたから、つくったの。」
> とママが言いました。
> ぼくは、4人ぶんもつくらないでいいじゃないと思ったけど、まい日がんばってるなあと、かんしんしました。
>
> 　　　　やたべ　かずあき

えてくれた作文を例にあげたいと思います。

　ある年の2年生が書いてきた日記です。

　谷田部君は、ぼくとパパとゆき（妹）の弁当は「つくってくれて」と書き、お母さんの弁当については、「つくっていました」と書き分けています。この子のお母さんへの心がここに表れています。ちゃんとお母さんは自分たちのために「作ってくれているんだ」という気持ちが分かりますね。

　そういう表現に気づく教師でありたいと思って、子どもの書いたものをていねいに読み取ってきました。

　このとき僕は、日記にこうコメントしました。

　「ママは、みんなのおべんとうと同じものを食べたかったんじゃないかな。やたべくんのママはとてもいそがしいけれども、ちゃんとみんなのおべんとうをつくってくれるんだね。」

　谷田部君のお母さんは、お仕事で出ていくことも多くて、とても忙しい方でした。そのお母さんが連絡帳に、

　「作文のコメントに書いていただいた『やたべくんのママはとてもいそがしいけれども……』という言葉にとても感謝しています。先生からいただくコメントに時折私の立場をフォローしてくださる言葉を書いていただいているのでとてもありがたく思っています。」

と書いてくださいました。

子どもが素直に書き、教師がその子の思いをくみとって、お母さんの思いも考えながら赤ペンを書き、そして、お母さんが教師の思いも、わが子の思いも読み取って書いてくださったわけです。

「三位一体」、共に綴り合って育ち合うことが、できたのではないかなと思っています。

書くことを通して、共に育ち合うことこそ、「作文教育」なのです。

かつて2年生のときに担任していた子どもが、卒業してから学校へ遊びに来たので、そのときに発行している学級通信（一枚文集）を渡しました。その感想です。

> 先生、この間はありがとうございました。久しぶりに出会えて、とても楽しかったです。いただいた文集を読ませていただいて、私たちのときの文集を思い出しました。
> 　あのとき、先生のエッセイを読みながら、こんなことしたらやっぱりいけないかなと反省したり、なるほどとうなずいたりしながら読んでいたことを思い出しました。
> 　きっと今の2年生たちも、私たちと同じように思いながら読んでるんだろうなあと思いました。

3 中学年の作文教育

1 中学年の子どもの実態

　3～4年生，中学年は，さまざまな書く体験をしていくべきでしょう。この時期の子どもたちのことは，いろいろな言葉で表現されています。

　「ギャングエイジ」「九歳の壁」「第一次反抗期」など，多くの心理学者が，このくらいの年齢で子どもたちの大きな変化があるんだということを主張しています。

　この時期の子どもたちは，他人のことばかり言います。自分のことは見えなくなります。そんな時期に

　「反省しなさい」

とか

　「自分を振り返って考えよう」

などと言っても，できるものではありません。

　終わりの会で「今日の一日を振り返る」時間をとれば，毎日，友達への文句や批判が並びます。

　だからこそ，この時期には特に他人のことをきちんと書かせることが大切だと僕は思っています。「みんなが言っていた」とか「誰かに言われた」ではなく，誰がなんと言ったのかを書かせるのです。名前はすべて，全員の名前を書かせます。

　それが，人を見る目を磨かせることになると思います。高学年になって自分を振り返ることができるようになったとき，その育った目で，自分を見つめます。

　すると，本当に反省することができるのではないでしょうか。

2 意欲の差への対応

　この時期には，書く力の差が歴然と現れ始めます。

学力の差も顕著になってくる時期でもあります。
　豊富な語彙を駆使して、長文の作文を短時間で書ける子どももいれば、言葉がなかなか浮かんでこず、「自分は作文が苦手だ」と思い込んでしまっている子どももいます。

この差にどう対応していくかが、教師の課題の一つになります。
　まず、いきあたりばったりで作文指導をしていては、この差は広がるばかりです。子どもたちの、書こうという意欲が下がっていきます。

計画的に取り組んでいくことが必要です。
　モデリング、つまり真似をして書くということを取り入れると、書けない子どもも真似をすればよいのだから、少し書くことができます。

①「こんな自分です」
　3年生で、短い時間で文章を書く作業をしました。

　グループエンカウンターとして、自分を紹介したり、友達に自分のよさを見つけてもらったりする時間です。

　　①自分のよいところをたくさん見つけてシートに書く。
　　②シートを班ごとに回して、その人のよいところだと思うこと、また、その人のことで、よかったなあと思うことを書き込む。
　　③書いてもらったことと、自分の書いたことをもとにして作文を書く。

「その人のよいところを見つけて書きなさい」
と言われても、まだ十分に知り合っていない相手のことを書けるものではありません。すらすらと書いてもらえていない子どものところへ行って、教師がその子のよいところを作文で書きます。つまり、書き方のモデルを示して

いくのです。

　3年生くらいの子どもたちだと，まだ素直さがあるので，真似をして書くことへの抵抗は大きくありません。また，隣の人たちに聞いて書いてもいいと言います。それなら，全然書けないという子どもは減っていきます。

　何度か同じことを繰り返しているうちに，人のよいところを見つけて書くことが上達していきます。

　これは，書く技術と同時に，人のよさを認めていくことにも，つながっていきます。

　そして，母の日には，お母さんへ向けてのメッセージを書きます。

お母さんへのメッセージ	【　　　】のお母さんへ	【　　　】のお母さんへ	◆母の日によせて　　　名前【　　　】
	【　　　】のお母さんへ	【　　　】のお母さんへ	

「〇〇のお母さんへ」というところへその子のよいところを書きます。
　書いたら，集めてシャッフルして，また配り，別の子どもに書いてもらい

ます。
　よさが思い浮かばないときは，近くの友達と相談してもよいこととします。
　そうやって，友達の書いてくれたことと，自分のお母さんへのメッセージを合わせて，母の日にお母さんに渡しました。

　そうしたら，次の日，Ａさんのお母さんが，こんなことを書いてきてくれました。
　「うちの子があんなにひどいことをしたのに，Ｂちゃんは，うちの子のよいところをこんなに見てくれていたのですね。とってもありがたくて，うれしくなりました。」
　少し説明を加えますと，母の日のメッセージを渡す一週間前に，ＡさんがＢさんの手に爪でぎゅーっと傷を付けたのです。
　些細なことが原因でした。Ａさんのお母さんは，Ｂさんのおうちに謝りに行かれました。
　その一週間後にもらった母の日メッセージに，Ｂさんが
　「Ａさんは，人の見ていないところで自分からゴミ捨てに行ったり，落ちていた雑巾を片づけたりしていますよ。」
と，書いていたのです。

　こういうのが，書くことで伝え合うことではないでしょうか。

②ウォッチング
　そして，誰にでも書ける方法を教えていきます。
　それが，「友達ウォッチング」「家族ウォッチング」です。
　「ある日あるときの先生・友達・家族の一瞬の様子を，よく見て，よく聞いて書こう」
　ただこれだけのことなのですが，五分間，人の様子を見て，そのまま書くだけですから，誰にでもできます。

最初は教師を書かせます。自分がモデルになって，子どもたちに五分間の様子を書かせるのです。もちろん，その五分間，じいっとしていたのでは，子どもたちは何も書けません。教室を動き回って，そうじしたり，わざと机の上に乗って飛び降りたり，変顔をしたり，いろんなことをします。
　子どもたちは楽しく書いていきますよ。
　そうやって，書き方を教えた後，
「今日は，おうちで十分間，家族ウォッチングをしておいで」
と言うのです。

　それでも書けないという子どもがいれば，ここからは個別指導です。職員室に連れて行って，端っこに一緒に座って，
「誰にする？　M先生にするかな」
と，一人の先生にしぼって，鉛筆とノートを持たせます。そして，彼に今，M先生が何をしているか口で話させて，その通りに書いていかせます。
　これで書けない子どもは，まずいません。
　彼は，家に帰ってから自主的に，お母さんのことをウォッチングして書いてきました。
　コツが分かれば，子どもは書くものなのです。

　この形の作文トレーニングは，運動会のときには，「運動会に向けてがんばっている友達を見つけよう」というテーマにして書かせることができます。学習発表会のときも，同様です。
　行事のときに，「よいところ見つけ作文を書くよ」と伝えれば，子どもたちはお互いの言動に対して，注意深くなっていきます。
　また，お互いにエールを贈り合うことにも，使います。

3 書く楽しさを大切に

　書くことに抵抗が強くなってきて，イヤだと思う子どもたちが増えてくる

のですから、書く楽しさというものを取り入れていきます。

①「私のはずかしかった物語」

恩師岡田崇先生の実践の追試です。

①先生の「はずかしかった物語」を読む。
②自分のはずかしかったことについて思い出してメモを作る。
　・いつ・どこで・どんなとき
　・何がどうなったか
　・振り返って思うこと
③作文にまとめて発表する。

ポイントは、いかに先生がはずかしかったことを語れるかにつきるでしょう。それが、子どもたちの「自分も書いてみよ

> 「私のはずかしかった物語」
> 　陸上クラブで、走り高跳びを教えていました。僕は高校生のとき、陸上クラブだったので、走り高跳びも、子どもたちの身長ぐらいは、軽く跳べます。
> 　ちょっといい格好して見せようと思って、バーの高さを、120cmから150cmに上げました。これぐらいは、160cmを跳べる自分には楽勝だと思ったのです。
> 　ところが、一回目、油断したからか、バーに引っ掛かって跳べませんでした。
> 　これは、子どもたちにいいとこ見せないといかんと思い直して、ジャージを脱いで短パンになって、かまえました。
> 　すると、6年生の男の子が
> 「先生、なんでパンツ一枚になってるの」と聞いてきました。短パンをはきわすれていたのです。
> 　はっとして、あわててジャージを着て、跳びました。跳べたから、子どもたちは「凄い」と拍手してくれましたが……。

う」というモチベーションにつながります。（子どもの作品ばかり載せているので、ここでは僕のものを恥ずかしながら、載せることにします。）

また、学級通信にも載せないし、学級だけの秘密にするのだということを取り決めます。最初に先生の「はずかしかった物語」を語るときに、

「今から、先生の秘密の話をするから、絶対に家に帰っても言ってはだめ

です。他のクラスの人にも言わないと約束できますか」
と、お約束です。

　秘密感があると、書きやすいようです。

②私は、だあれ？
　自分をよく見つめて書き、誰が書いたのかを当て合うゲームをします。

　　①鏡を使って、自分を見つめて書く。
　　②段落ごとに書く。
　　③みんなと同じような部分、「目が黒い」など、他の子と識別しにくい
　　　ところから書いていく。
　　④先生がゆっくりと一文ずつ音読して、誰の作文なのかを子どもたちが
　　　当てていく。

　③のように、共通したところから書いて、しだいに本人が分かるように書こうということで、順序を考えて作文を書くことにもつながります。
　３年生ぐらいにもなると、男の子が「わたしは」という書き方をして分かりにくくしたり、決定的に分かってしまうことを一番最後に持ってきたりと、さまざまな工夫が出てきます。

4　基本の二つを徹底する
　中学年の作文指導の基本は、「　」を使うことと、題材指導の二つです。

①基本１　「　」を使う
　「　」を使うということは、人の言ったことを正確に思い出さなければならないということです。自分の中でも曖昧だったことを、はっきりと認識し直すということです。

＊友達の言ったこと

　学級で集団遊びをして，その後で友達との会話を書かせるトレーニングをします。

　　①まず，昔の遊びをした後で，遊んでいるときに友達の言った言葉を「誰が」「何を」言ったかはっきりさせて書く。
　　②再び昔の遊びをした後で，「どんなときに」「誰が」「何を」言ったかはっきりさせて友達の言った言葉を書く。

　このように取り立てて「　」を中心として作文を書く活動を入れていくことで，「　」を使う意識を持たせるのです。

②基本2　題材指導

　中学年になってくると，改めて題材指導が必要になります。
　書けない子どもたちはよく，
「何を書いたらいいのか分からない」
と言います。そういう子どもたちの作文を分析してみると，題材が偏っていることが多いのです。
　自分の趣味，行事，旅行，遊び等が多いようですが，これらは，なければ書けないものなのです。
　どこかへ行かないと書けない。行事がないと書けない。友達と遊ばなかったら，書けない——そういう題材ばかりだから，「書くことがない」という言葉が出てくるのです。
　家族や自分の生活を書いて，その思いを表現することができないのです。
「これは書いてはいけない」という自己制限がかかっているような感じもあります。
　だからこそ，取り立てて題材指導をする必要があるのです。

* 題材を考えよう【1時間＋2分の1時間×2】
　①これまでの自分の日記帳から，題材をすべて書き出す。
　②今思いつく題材を書き出し，発表し合う。
　③「こんな題材で書いてみよう」
　　・人間を書く。（先生，家族，友達）
　　・見たことを見たままに書く。感じたことを感じたままに書く。

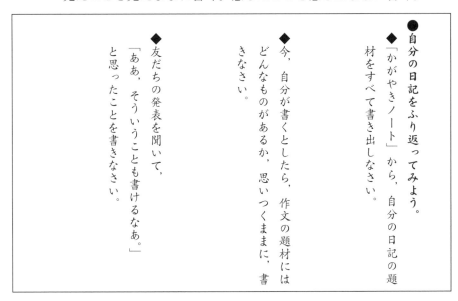

●自分の日記をふり返ってみよう。
◆「かがやきノート」から，自分の日記の題材をすべて書き出しなさい。
◆今，自分が書くとしたら，作文の題材にはどんなものがあるか，思いつくままに，書きなさい。
◆友だちの発表を聞いて，「ああ，そういうことも書けるなあ。」と思ったことを書きなさい。

　それほど難しいことではありません。子どもたちは，こういう当たり前のテーマで書いてはいけないような感覚に陥っているのです。ちょっとしたことで，「こうすれば書けるね」と思わせればいいのです。
　また，年間を通しての計画的な題材指導も必要です。

　4月──「新しいクラス」「新しい先生」
　　　　　新しく感じたことをそのままに書く。

| 5月 |──「家族」
　　　「連休で一番心に残ったこと」

| 6月 |──「お父さんが来た」
　　　父親勧誘の参観日の緊張を書く。

| 7月 |──「夏を見つけたよ」
　　　夏の生き物を見つけた発見の喜びを書く。
　　「初めての校外学習」
　　　初めての感動を忘れないうちに作文に書く。

| 8月 |──「戦争」
　　　夏休みに先生へ葉書で戦争について考えたこと，知ったことを書く。

| 9月 |──「ある日あるときの先生・友達」
　　　一瞬の様子を，よく見て，よく聞いて書く。
　　「秋を見つけよう」
　　　ちょっとした季節の変化に目をとめて書く。

| 10月 |──「ある日，あるときの家族の様子」
　　　鉛筆を持って，十分間見て書く。
　　「運動会でがんばっている友達の姿」
　　「運動会で心に残ったことを一つ」

| 11月 |──「がんばってるなあ」
　　　いろいろなところで，友達のがんばっている様子を書く。

|12月|──「初冬の街を書こう」

|1月|──「震災の日に思うこと」
　　　　震災のイベントなどに参加したり，テレビに注目したり，おうちの人と話をしたりして，そのことを書く。

|2月|──「学習発表会」
　　　「鍛錬遠足」
　　　　寒い日の登山遠足の苦しさ・楽しさを書く。

|3月|──「卒業生に贈るメッセージ」

5 書き慣れる機会を増やそう

　作文は，結局は書き慣れていくことが一番なのです。優れた作文を書かなくても，書くことに対して自然と取り組めるという状態さえ作り出せれば，それでいいのです。

①国語学習の中での位置づけ
＊あなたはどちら？
　「友だち」（須永博士）の詩を読んで自分はどちらの人間かを考えて書きます。この詩は，
　「友だちを大切にする人がいます／友だちを傷つける人がいます／あなたはどちらの人になりますか」
と，問いかけてきます。
　この詩を読んで，自分の考えをノートに書いていきます。対比するということにより，考えを明確にします。

　　①須永博士の「友だち」の詩を読んで，友達を傷つける人と大切にする

人を対比して考える。
②自分がしてきたことやこれからの自分について考えたことを書く。

＊みんなちがってみんないい
　金子みすゞの詩の形と心を真似て，詩を作ります。

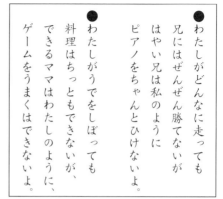

●わたしがどんなに走っても
　兄にはぜんぜん勝てないが
　はやい兄は私のように
　ピアノをちゃんとひけないよ。
●わたしがうでをしぼっても
　料理はちっともできないが，
　できるママはわたしのように，
　ゲームをうまくはできない。

①詩「わたしと小鳥とすずと」を読み，詩の世界をつかむ。
②対比されているものを考えて，主題を考える。
③表現のパターンと主題を真似て，自分なりに詩を作ってみる。

これについては，子どもたちの書いたものを一部，示します。
　どこか自分の自慢みたいになってしまいますが，それでも，人によってよさにちがいのあることを，子どもたちなりに表現しようとしてきます。

　そして，こういう詩の中に，ちらりと家族の生活が垣間見えるのです。

＊「標識を調べて書こう」
①教科書教材「標識と言葉」を学習した後，自分たちの身の回りの標識を調べて，レポートにまとめる。
②お互いの標識レポートを見合って，いろいろな標識を知る。

＊「戦争と家族について考えよう」
①「ちいちゃんのかげおくり」を読んで，戦争についてと読後の感想を書く。

②「ちいちゃんのかげおくり」を学習し終わって、「家族と戦争」についての作文を書く。

②日常生活の中での位置づけ
　中学年のところでは、ここまで、いかに中学年の子どもたちに作文を書かせていくかを述べてきました。それだけでは、僕の「作文教育」としては、少し、もの足りません。ここからは、一人の子どもとの書くことの話をしていきたいと思います。

　すぐに意固地になってしまう子どもがいました。気が短くて、瞬間湯沸かし器みたいに腹を立ててしまっていました。今から思えば、自己肯定感が弱かったからかもしれません。
　周りの子どもたちと、しょっちゅうトラブルになっていました。
　僕も未熟だったので、彼を十分に受け止めることができませんでした。

　あるとき、どういう状況だったのかは、よく思い出せないのですが、彼だけ教室にいない状態がありました。大きなトラブルがあって、どこかで頭を冷やさせていたようなことでした。
　僕はもう、どうしてあげればよいのか分からなくなっていました。そして、子どもたちにそのまま言ったのです。
　「なあ、なんで彼は、ああなるんだろう。もう先生にはどうしたらよいのか分からなくなってしまった。君たちで考えてくれないか」
　そう言って、教室を出て、彼の待つ部屋に向かいました。
　でも、二人でじっくりと話し合っても、彼だって、どうして自分がこうなってしまうのか、分からないのです。未熟な教師と二人で、落ち込むばかりでした。

　その間に、学級の子どもたちが話し合ってとった行動は、

第2章　クラスを育てる作文教育　学年別・作文教育を考える

「彼に手紙を書く。書きたい子どもだけが書く。書きたくなければ書かなくてもいいし，自分のしたい方法で彼に何かをしていく」
というものでした。

　子どもたちは，いろいろな紙，便箋であったり，ノートの切れ端であったり，原稿用紙であったりと，さまざまな紙に手紙を書いて，僕に渡しました。僕はその手紙を誰が出したかも，中身も何も確かめずに，大きな封筒に入れて，本人に手渡しました。
「みんなからの手紙だよ」
とだけ，言って。
　彼は，黙って受け取りました。

　それからしばらくして，保護者との懇談がありました。そのとき，お母さんは，こうおっしゃったのです。
「先生，お手紙，ありがとうございました。私は中身を知らないのですが，あの子の机の引き出しの一番上に入っています。
　自分でどうしようもない状態になったとき，机から取り出して，手紙を何度も読んでいるみたいです。そうすると，心が落ち着くみたいで，表情が変わるんです。
　みなさんに感謝しています」

　子どもたちが選んだ方法は，手紙で思いを伝えるということでした。そして，その手紙が彼に与えた影響は，大きなものだったのです。その後，彼は明らかに友達への態度が

変わってきました。

　文章は，書いておけば，残ります。改めて取り出して思いを感じることができるものなのです。

　書くことの意味を強く感じた出来事でした。

③日記に入る前に取り立て作文指導を

　日常生活での指導に関連して，日記のことについても触れておきたいと思います。4月から日記指導にいきなり入っても，教師の思うような作文を書いてきてはくれません。

　子どもたちに書く力をつけていくために，いろいろな工夫がありますが，二週間ぐらい集中して授業中に日記の書き方を教えていくことで，飛躍的に書く力が上昇する子どもが出てきます。(それはあくまで，自分の担任する子どもたちの実態に合わせて授業を仕組んでいくのですが。)

　技術を教えないで，ただ「書きなさい」というだけでは，決して質的な向上はないのです。

6　実践例　多賀マークの作文教室

　ここからは，ある年度の3年生で二学期に取り組んだ実践です。この年の一学期間は，子どもたちの作文の力を見ることや，日記のやりとりによる関係づくりに，重点をおいていました。

　その中で，「これは作文の力として必要だ」ということをピックアップしました。

　その結果，

◎日記を書くという習慣が半分以上の子どもに根付いていない。
　・書こうという意欲，書きたいという思いの不足。
　・書くこと【題材】が見つからない。
◎題材が偏っている。

- ・自分の趣味だけ。
- ・行事，旅行，遊び…行かなければ書けない。

◎自己制限している。
- ・家族や自分の思いを表現する子どもが少ない。「これは書いてはいけない」という自己制限がかかっているような感じがある。思春期に入りかけている子どもがいることも影響しているだろう。

◎よく見て，ありのままに書けない。ものごとへの見方，とらえ方が浅い子どもが多い。

などの課題が浮かび上がってきました。国語の教科担任として，2クラスに授業にいっていた立場もあって，この際，日記の書き方を一斉授業の中で考えたり練習したりする時間を，教科書教材も取り入れながら，仕組んでみたいと考えました。

　そこで，指導の基本方針は，次のように考えました。

　　①生活作文【日記】の書き方の見直し。
　　②個別指導ではなく，一斉指導でいく。
　　③自分の日記の振り返りと具体的に書く練習を取り入れる。
　　④これなら自分も書けるな，という気持ちにさせる。

　その方針に沿って，次のような計画を立てて，実践していきました。
　一週間は，このことを中心にして，作文を書くトレーニングをしていったのです。
　こういう集中的な取り立て指導をしないと，個別指導だけでは，なかなか子どもの作文力は上がっていきません。

▬ 指導計画

●題材を考えよう【1時間＋3分の1時間×4】
①これまでの自分の日記帳から，題材をすべて書き出す。
②今思いつく題材を書き出し，発表し合う。
（「こんなことも書けるんだ」「これもありなんだ」と，自分が思いもしなかった題材を知ることで，題材のバリエーションを増やしていく。）
③「こんな題材で書いてみよう」
①②で取り出した題材を書き写して，その中から選んで，まず作文を書く。
・見たことを見たままに書く。感じたことを感じたままに書く。
・悪口になってもいいから，思ったことを思ったまま書く。

◆「人間を題材にして日記を書こう」―その1―
「先生」を題材にして，書く。
・見たことを見たままに書くこと。

◆「人間を題材にして日記を書こう」―その2―
「家族の中の誰か一人」を題材にして書く。お母さんでもお父さんでもいいから，誰か一人を選んで書く。

◆「人間を題材にして日記を書こう」―その3―
「友達の誰か一人」を題材にして書く。

◆「今日の朝，学校で」という題で日記を書こう
・学校に着くまでか学校に着いてからの，人と話したことをそのまま「　　　」を使って書く。
・誰が，どんなときに言った言葉かを書く。

・三日間，同じ題材で書く。
（明日も書かなければならないという気持ちが，友達との生活をきちんと聞いたり見たりしようとする姿勢を生む。）

● 書き方を考えよう　その1【2時間＋2分の1時間×2】
①自分の日記では「　　　」をどのくらい使っているか。
②「　　　」を使うということは，よく聞くことだということを知る。
③名前を全部書いているか，自分の日記から考える。
④「今日の朝，学校で」の題で，「　」を入れて，思い出して書く練習をする。

● 書き方を考えよう　その2【1時間＋2分の1時間×2】
①自分の日記を読み返して，
　・一文の長さ
　・自分の気持ちの入れ方
　・心に残った一つのことに絞っているか
　・最後に「うれしかったです。」「楽しかったです。」などで終わっていないか
　などについて考える。
②一文を短くする練習をする。

● 世の中を見よう（ニュースや新聞から）【2分の1時間×2】
①前日までにニュースや新聞から題材を見つけ出してくる。
②川柳で表現して，解説文を加える。

● 接着剤を使おう
一つの文は短く切った方が分かりやすいことを考えるための時間です。
①次ページの文章を音読して，読みづらい原因を考える。

> 今日から4年3組がはじまって、僕ははりきっていつもより早く学校へやってきたつもりだったんだけど、もう全員集まっていて、「おお、このクラスは、なかなかすごい顔ぶれがそろってるなあ。」と思って、もう一度よく見たら、つじはら強君と広田けんじ君がいて、この二人がいっしょのクラスだなんて思ってもみなかったので、びっくりして、なにしろこの二人は3年生のころから、しょっちゅうもめごとをおこしては、先生に叱られていた二人なんだから、新しくもらったばかりの虫メガネでアリの黒焼きごっこをしていて、理科室のササゴジラに、佐々木せんせいのことをそうよんでいるんだけど、どつかれたこともあって、でも、この二人は頭もいいし、おもしろいやつらだけど、ぼくはきらいじゃないんだけど、この二人だけでもすごいのに、あのさわがしい大森そうたくんとうら田りょう一くんがいっしょとは、おどろきで、何でこんなクラスにしちゃったんだろうと思って、ちょっとゆううつになってたから、見たら、津田先生だった。

②一文ずつ切ったら，ときどき，つなぎ言葉【接続詞】が必要になることを教えて，一文を短く直して，全文を書き写す。

③特に接続詞は接着剤だから，多すぎるとべとべとになってしまうことも，よく考えさせる。

このあと，日記帳を持ち帰って書いてくるようにします。子どもたちが学んだことをどの程度実行してくるかを見ていくと同時に，赤ペンで息長くアドバイスしていきました。

4 高学年の作文教育

1 高学年の子どもの実態―思春期へ向かう子どもたち―

　5～6年生は，特殊です。これまで簡単に書けていたことが書けなくなる時期なのです。その原因としては，まず，ピア・プレッシャー（同調圧力）ですね。僕はこのピア・プレッシャーについて，いろいろなところで話をしていますが，心ならずも，高学年の子どもたちの心ををしばってしまうやっかいなものなのだと考えています。

　「こんなこと言うと，みんなからはずされてしまうのではないだろうか」
　「悪いと分かっていても，みんなに合わさなくてはならない」
　「ハブられる（仲間外れにされる）のが，怖い」

　そういう気持ちで多くの高学年～中学校の子どもたちが過ごしています。それが「うかつなことは書けない」と，本当のことを書くことができなくなっていく要因になるのです。

　さらに子どもたちは，家の事情も深く考えるようになるので，書けなくなります。子どもたちは，本音を表現することの怖さを感じているのです。書いたらこう言われるのではないか，ああとらえられるのではないか，と。
　なんのためらいもなく，家族のことをあけすけに書ける年代ではなくなってくるということです。
　書くことに対して，心の制約がかかってしまっている，こういう状態の子どもたちには，まず，無理をさせないで，書けることから書かせてゆくことが必要ですね。
　5年生を受け持っていたとき，子どもたちに言いました。
　「思ったことを思ったままに書けといわれても，いろいろと考えてなかなかできないものだよね。都合の悪いことは書きにくいから，まずは，都合の悪くないことだけでいいから，書いていこう」
と。

学級づくりにかかっているんですね，そこから先に子どもが本音を書けるかどうかは。自分の思いをこの学級のみんなに出してもいいのかどうか，子どもたちは考えます。学級の仲間を信頼できるなら，書けることは増えていくでしょう。

　そして，高学年に適した題材指導を考えましょう。社会に目を向けたことを，題材にするといいですね。それなら書けます。社会的な事象を題材として作文を書かせ，ものの見方や考え方を鍛えていくのです。

2 本音を語らせる作文教育のワザ

　前述のように，高学年になればなるほど，本音をストレートに語らせることは難しいです。それでも，方法がないわけではありません。

　「バカヤロー作文」という実践があります。
　子どもたちに，匿名もありで，気に入らないことや腹の立つことを
　「……，バカヤロー！」
という形で書かせるのです。
　この形式に子どもたちがはまります。教師との信頼関係の問題もあるのですが，どんなに他人の悪口を書いても，一斉おとがめなしであるという条件で書かせるので，少し本音が出てきます。

　作文を書くことの効用として，心の中にあるもやもやした感情を吐き出して，すっきりさせるということがあります。
　「バカヤロー作文」は，書くだけで，もやもやした気分が少し晴れるようなのです。

バカヤローにも
いろいろあるようです。

　　　　　●**愛情のこもったバカヤロー。**
　　　　　　この子たちには，あんまり腹の立つことがないようです。
■サッカーやめやがって　バカヤロー！
　おまえがいないから勝てねぇんだよ　バカヤロー！
　もう一回もどってこいよ
　でも，やりたくないんだったら　帰ってくんな　バカヤロー！
■弟め！　おいらがすやすやねむっているのに，
　顔面百発ひざげりしやがって　弟の　バカヤロー！
　おいらの鼻血を出したのに，すやすやねむって　バカヤロー！

　　　　　●**悲しいバカヤロー！もあります。**
　　　　　　こんな思いを子どもにさせたくありません。
■ひどい点とって，おらって　バカヤロー！
　掃除用具忘れて，おらって　バカヤロー！
　あほで，おらって　バカヤロー！

　　　　　●**日ごろ，大人しくていわゆる優等生からこんな言葉が出てきます。**
■いつもテストの点を自慢しやがって　バカヤロー！
　楽しくしゃべっているのに　じゃましやがって　バカヤロー！
　ちょっと文句言っただけで　泣きやがって　バカヤロー！
■ちょっかいかけんな　バカヤロー！
　かわいい子ぶんな　　バカヤロー！
　もたもたすんな　　　バカヤロー！
　　　　　　　　　　　バカヤロー！

　　　　　●**先生にも，友達にも，文句が出てきます。**
　　　　　　「すうっとしたよ。」書いた後，そんな言葉も出てきました。
■からかって　バカヤロー！
　差別して　　バカヤロー！
　バツソウジばっかり言って　バカヤロー！
　文句ばっか言うんだったら　バカヤロー！
■ＫＫ，カンニングしてないのに
　カンニングしているとＹに小さな声だけど
　おれに聞こえるように
　いやみそうな声で言って　バカヤロー！

3 阪神大震災で確かになったこと

1995年1月17日。

わずか十五秒ほどの間に起こった出来事は，僕の人生観や教育観を根底から揺さぶりました。

人はみな，

「明日の生命は誰しも保証されているわけではない。明日はどうなるかは，誰にも分からないものだ」

と思っています。

頭ではそのことを理解しています。

でも，本当にそういう日が来ることまでは，想定できていないものです。

僕も，そうでした，あの日が来るまでは。

当時のことを僕が学級通信に書いたことから振り返ります。

私と震災 Ⅰ
――被災地のかたはらにあって――

ぐらぐらっとした感覚と，身体が浮き上がるような気分で目がさめた。一瞬，何が起こっているのかよく分からなかったが，両側の本棚から本が雨のように降ってくるので，飛び起きて部屋の中ほどに立った。というよりも，立とうとしたが，激しい揺れに身をかがめ，机に必死でしがみついていたのである。

――地震⁉――

そのとき，ようやく事態が飲み込めた。実際には十五秒ぐらいの出来事だったのだが，何十分という長い時間のように思えた。

真っ暗な中，がたがたという音，娘の部屋に向かおうとしても，もたれて中腰でいるのが精一杯。――中略――

「上の本棚の本も全部落ちたし，花びんが倒れて水びたしだし，こりゃあ，今日は，学校は休ませてもらおう。」

この時点では，私はまだこの地震が神戸の街をどんな目に合わせたのか，まだ十分に認識できないでいた。――中略――――甲南小学校はどうなんだろう。――学校にあわてて連絡をとろうとしたが，電話が全く通じない。――

第2章　クラスを育てる作文教育　　学年別・作文教育を考える

混乱の中にいました。各地に散っている子どもが何人かいました。その子たちを学級につなぎとめるために、学級通信「Friends　復興へ」を毎日出し続けました。郵送できる子どもたちには、それで原稿用紙と学級通信1号を届け、FAXの通じるところへはそれで、他にもいろいろなつてを頼って子どもたちと連絡をとり続けました。

学級がばらばらになってしまうのではないかという、恐怖感にも似た思いがあったからです。

それに応えて、子どもたちから次々と作文が届き、それらを通信にして配ることを繰り返していきました。

学校の印刷機も使えない中で、近くの私立の児童館に頼み込んで、無料で印刷させてもらいました。

多くの人が、誰かの手助けになりたいと思っているときでした。街にはあたたかさがあふれていましたが、子どもたちからの作文には、厳しいものがありました。

神様を信じる

●そのことで，森實さんの心が救われているのかも知れない。

「地震のおこしたこと」

森實　かほり

　地震がおこしたことは何だったんだろう。
　それは，人をきずつけることだった。それは人を亡くしたからだ。どんなに大勢の人が悲しんだだろうか。
　私もそのうちの一人だ。うちはまだよかったんだ。だって，おそう式も，合同だったけどできたし，焼くこともできた。
　でも，祖母はもう帰らぬ人だ。
　私は，神様を信じている。地震は神様がおこすものと，私は信じている。今回の地震で私は，神様は良い人を亡くならせる，つまり，神様の世界へつれて行くのだ。神様も，会社みたいにいい人材がほしい。だから良い人を亡くしてしまうのではないだろうか。
　なぜ亡くなった人に名前をつけかえるのだろうか。私は口には出さないが，このことは前から思っていた。
　祖母は森實みなえである。
　今は「じょうちいんけんしつみょう大姉」
　私は聞いた。
「名前かえたから，おばあちゃんてよんじゃだめなの？」
「……。」
　だれも応えてくれなかった。
　おばあちゃんといっしょで亡くなった方，仲良くして下さい。
　私はこの言葉が通じていると，信じている。

①詩では語れない思いがある

　僕はその年度，5年生からの担任でした。十ヶ月近くの間，子どもたちに詩を書かせ続けていました。詩の実践を始めて何年か経ち，詩の書かせ方や詩の楽しさ等について分かり始めていた時期でした。
　子どもたちは，それなりにおもしろい詩を書いていたのです。

　そして，震災。
「詩でも作文でも，何でもいいから書いてきてください」
と言ったのに対して，誰一人，詩を書いてはきませんでした。
　すべて作文だったのです。

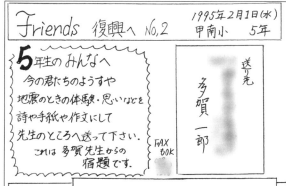

　詩の得意な子どもも，苦手な子どもも，関係なく，すべての子どもが，詩という表現手段ではなく，作文という表現を用いたのです。

　しばらくして落ち着いてくると，詩を書く子どもも出てくるようになりました。しかし，最初の作文，つまり，自分たちの出会った災害や今の状況と思いを，先生や学級のみんなに伝えるためには，子どもたちは作文を使ったのです。

詩は技巧的なものです。感情をそのまま表現したものではなく、感情表現するためのさまざまな技法をこらします。よりよい表現に言葉を変えていきます。
　しかし、心の中にあることをそのままげろげろと吐き出すように書こうとしたら、子どもたちは作文を選んだのです。思いがいっぱいいっぱいになって、心からあふれるぐらいになったとき、書くために選んだ方法は、作文だったのです。

　僕は、それ以来、詩を中心にしなくなりました。詩では語れない思いがあると知ったからです。

　これには異論もあろうかとは思っていますが、僕は作文というものの本質をそのときに見たと確信しています。児童詩を否定するつもりは、毛頭ありません。僕の作文教育としては、詩ではないと思うということです。

> 「ドォォォォォォォォッン」と音がしたかというと、「ガタッ、ガタッ、ドォォン、バリーン、グシャ、ベキベキ」と、ものすごい音がした。頭に段ボールが落ちてきた。幸い空の段ボールだったので、そんなにいたくはなかった。——中略——
> 　はっとして外を見ると、前の家がぺしゃんこにつぶれていた。そして、線路の向こう側が真っ赤に燃えてすごかった。
> 　その時「あっ！」とママがさけんで走り出した。
> 　行く道行く道、古い家がのきなみたおれている。おばあちゃんの家の近くまで行くと、家がぺしゃんこで、びっくりしてしまった。「ウォーッ」
> 　でも、なんとかパパが助け出してくれた。ものすごいはりとはりの所で二人は助かったというので、少しびっくりした。

②公にできないことがある
　子どもたちの生活の生々しい姿が作文にあふれたとき、そこには、美しい物語ばかりではありませんでした。

みにくくて，人間のあさましさや哀しさのにじみ出るようなことも，作文に書かれてきました。
　震災は，きれいごとだけではないのです。そういう内容については，もちろん，公にはできません。通信に書いたり，みんなの前で読み聞かせたりすることは，できないのです。
　ただ，僕がその子の思いを受け止めるだけしかできませんでした。

③本当に書きたくなったら書く
　普段，作文を書かせても，詩を書かせても，数行しか書けない子どもがいました。書くことは大嫌いなので，僕はその子とは一緒にサッカーをすることで，つながっていました。
　別に作文を書けないからといって，他にも教育のてだてはあるのですから。

　ところが，震災の直後に彼が書いてきたものを見て，びっくりしました。渡していた原稿用紙二枚では足りなくて，何かのノートを破り取って書いたもの，さらにそれだけでは足りなくて，また別のメモのような紙数枚にもびっしりと作文が書き綴られていました。震災のとき，その直後の家族との暮らし，その少し後のさまざまな暮らし……。次から次へと書きたいことが浮かんできたのでしょう。
　しかも，その作文は，ただ書き並べているだけではなく，そこに彼の苦しさ，家族のしんどさ，寄り添って真っ暗な中を過ごした一夜，そんな中での彼のユーモアなどにあふれた素敵な作文だったのです。
　おそらく彼の人生において最長の，そして最も思いの込もった作文だっただろうと思うのです。

　本当に書きたくなったら，人はいくらでも書いてくるものなのだと，このときに教わったような気がします。
　僕が今，作文に関する講演でいつも

「伝えたくもないことを書かせる意味はありません。大切なことは，伝えたい思いなのです」
と，力説するのは，このときのことがあるからです。

④書くことの本質を知る

　書くことの本質などと言うと，「何も分かっていないくせに，偉そうに言うな」と叱られるかも知れませんが，確かに，僕は「書くこと」の意味をあのときにつきつけられたような思いを持ちました。

　震災後に子どもたちに作文を書かせるかどうかで，二つの考え方がありました。
　一つは，ロスアンジェルスの地震の後，多くの子どもたちにPTSD（心的外傷後ストレス障害）が残ったことから，書かせて吐き出させた方がよいという考え方でした。
　もう一つは，日本人と西洋人は違っていて，しんぼう強い国民性があるから，イヤなことを思い出させるようなことは，書かせない方がよいという考え方でした。
　僕にも迷いがありました。決して無理には書かなくていいよと言い続けてはいましたが，子どもたちはたくさん書いてきてくれました。
「こうやって書かせるだけで，子どもの心がさらに傷ついていくことはないのだろうか」
という気持ちでずっと過ごしていました。
　実際，僕が作文を書かせて学級通信を発行していることについて，批判的な言葉を浴びせた方もいらっしゃいます。
　それでも僕が書かせ続けたのは，自分の信念でした。これは書かせるべきなんだという強い気持ちがあったことと，尊敬する先輩方が後ろから支えてくださったからだと思います。
　そして，なによりも，子どもたちの言葉や姿が，僕を後押ししてくれたの

第2章　クラスを育てる作文教育　学年別・作文教育を考える

です。
　言葉を失った子どもたちがいました。あまりにもショックが大きくて，声を出せなくなったのです。
「本人がいやがらなければ，少しずつ書かせてみたらどうですか」
と勧めてみました。
　少しずつ，本当に少しずつ書いているうちに，その子たちは，話すこともできるようになっていったのです。（下の作文の子どもではありません。）

「人の温かさ」　　　　森實　かほり

　私はむねがつまったことはある。おばあちゃんの死が告げられたその時。おばあちゃんの死が伝わった。
　けれど，人の温かさも伝わったその時。私は地震後，3〜4日，おばあちゃんのところへ行った父と会っていない。
　父がいない間，私たちはロビーで寝た。祖母の死を母から伝えられたその時，なぐさめてくれる人がいっぱいいた。
　なぐさめてくれるつもりはないけれど，あそんでほしいから，私をひっぱるおとうと。
　まだ二才だから。
　あそびたいから，私をひっぱる。
　その時，とてもうれしかった。
　私からはなれない小さい子がいると，気がまぎれる。
　小さい子といると，悲しさが少し消える。
　その時，人の温かさを感じた。いや，小さい子の温かさが，よく感じられたのであった。

　ここに，書くことの本質の一つがあると思います。
　人は，心に貯まったものを吐き出さないと，前に進みにくいことがあるのだということです。
　上の作文は，僕が授業中に「心にひびいたことや胸がつまったことのある人で書ける人は書いてごらん」と言ったときのものです。
　この子たちが卒業して八年後の二十歳の会で，お母さん方が口々に，
「先生，通信の冊子（僕が冊子にまとめて配布した物），ありがとうございました。あのときでないと書けないことがいっぱいつまっています。嫁入り

道具にも入れていきます」
というようなことをおっしゃってくださいました。

　このとき改めて，出し続けて，書かせ続けてよかったと思いました。

　書くことは，写真などとは全くちがっていて，心の記録なのです。そのときに震えながら書いた言葉は，後から振り返って書く言葉とは，本質的にちがっているのです。

　そのときにしか書けないことがあるということです。

　そして，本質のもう一つは，書かれたものは，人に読んでもらえるという，当たり前のことなのです。

⑤受け止めるということ

　震災後，教室に戻り始めた子どもたちに学級通信を配ったら，子どもたちはまず，黙って読んでいました。一言も発さずに，です。

　本当に静かな時間が流れていきました。

　それは，子どもたちが友達の思いを一心に受け止めている姿に他なりませんでした。

　思いを心にしまっておくだけでは，決して人の心を楽にはしないのです。でも，書きっ

> 　　「このごろ思うこと」　　　　萬田　紗弥可
> 　自転車での行き帰り，バスは出ているんだけれど，2号線がこんでいるからなかなか進まないから，自転車で来ている。学校へ行くまでの所で，家をとりのぞいて，あとかたもなく，どこかへもっていく。そこに一つの花びんにお花がかざられていた。
> 　「やっぱりここでも亡くなった人がいるなあ。」
> と思いながら，自転車でこいでいった。トラックも通るし，排気ガスも地震の前までそんなに多くなかったのに，今はすごいにおう。解体作業で砂ぼこりがすごいし，ふんじんもいっぱいある。
> 　マスクをしていても息が苦しい。
> 　でも，学校に来たら，マスクもとれるし，なんかほっとして，すっきりしている。みんなもいっぱいいるし……。
> 　やっぱり学校が一番落ち着く。

ぱなしでは，心は癒やされません。書いたことをあたたかく受け止める人がいるからこそ，書くことで心が癒やされるのです。

萬田さんは，阪神高速が倒れたところの道路沿いで家が倒壊，おばあちゃんを亡くしました。

でも，この子は，学校がほっとする場所になっていったのです。この作文を読んで，学校の大切さというものを改めて思い知らされました。

> このごろ学校では，みんなと話しをしたり，遊びをしたりしているうちに，地震のことをすっかりわすれてしまう。
> ぼくは，こういう学校にいるのが，一番安心できる。

あのとき，確かに僕の教室は子どもたちを癒やすヒーリングスペースだったと断言できるのです。

⑥通信でつながり合う

作文を書かせて学級通信に載せるという単純なことではありましたが，僕の意図した「つながり合い」ということが，そこにはあったように思います。

地方に避難していた子どものお母さんが学校に来られて
「先生，うちの子は楽しく暮らしていますが，通信を見ていて，ここに今いないと，浮いてしまうんじゃないかと思ってきました。先生はどう思われますか。安全については，先生の責任ではありません。家で判断し

> 「水が，生活にこんなに重要だとは，思っていませんでした。水がこれだけ重いとは知らなかった……。」
>
> 「私はペットボトルなので，軽いので何往復もするのだが，何往復もしていると疲れるし，ズボンもびしょびしょになります。いつもびしょびしょになるので，自衛隊の人も私が来ると『入れてあげる』と言い，全部入れてくれます。」
>
> ※学校も水がなく，トイレが使えず，毎日二時間ずつだけの授業でした。

ますから、存念を教えてください」
と、おっしゃいました。
　毎日、水汲みをしたり、瓦礫を乗り越えて学校へ通う子どもたちとのギャップを感じられたのでしょう。
　彼は、数日後に戻ってきました。
　また、別の他所の学校へ一時避難されていて、戻ってきたお母さんから、こういうお手紙もいただきました。
　「どんなに先生や友人に親切にしてもらっても、『一日でも早く帰りたい』と思ったそうで、今ほど『学校へ早く行きたい』と思ったことはないそうです」
　スマホもスカイプもないときでした。学級通信で仲間の生活を知るにつけ、学級への思いが募っていったのだそうです。

Friends 復興 No.13　1995年2月13日　甲南小　5年

「みんなに会いたい！　早く会いたい！」

心にひびく、はっきりした声でした。ぼくが、「やらなければ」と、励まされました。

五日目にようやく蔦田さん家と連絡がつきました。

「先生、いろいろありましたが、子ども達がんばってくれてるんです。さやかも兄も明るくて、しっかりやってくれてます。」

避難、水くみとたいへんだったようです。電話に出てきた紗弥可さんの言葉が、冒頭の言葉でした。

「阪神大震災その時」

蔦田　紗弥可

グラグラドドーン、上下に　それから南北にいや東西に、いや何が何だかわからない。とにかく大きな音とともに大きく家はゆれ、私の体は飛ばされ、じっとすわってもいられない。両親のベッドにあわててとんでいった。

一月十五、十六日と連休で、どういうわけか、私も兄も両親の部屋にベッドファーをもってきてみんな一緒にねていた。次の日は学校だから自分の部屋でねなさいと言われたが明日までまけてもらっていっしょにねていたのだ。兄は、足がぬけないといいながら私達の所へとんできた。家族はベッドの上に丸まって、ころでフライパンの上で調理されているようにあっちこっち動かされていた。

まっ暗の中での出来事。ゆれがおさまって懐中電灯をさがして、父は母家へおじいちゃんたちを見に行こうと言った。

ところが、大変なことになっているのにようやく気が付いた。まわりのものが、すべてたおれているのだ。足のふみ場がない。急いで玄関をあけた父。

「こりゃ大変や。」心ぞうがドキドキ体がふるえている私は、さらに体がふるえた。

家がない。となりのくらも、近所の家々もみんなペッシャンコになって、となりのブロックべいが私達の家によりかかってきて、そのすき間を通らないと外へ出られない。母家に行くのに必死である。父は、

「お父ちゃん、お母ちゃん。」と必死に大声でさけびながら、ペシャンコになった母家の中へ入っていった。「ここや。」とおじいちゃんの声。「タオル、タオル早よもってこい。」と父の声。母がタオルをとりにいき、私が持っていった。おじいちゃんは、頭から血がたらたらたれている。

「お母ちゃんどこや。」

父やおじいちゃんや私達みんな、おばあちゃんをさがした。

「ここや。」と、かすかな声。でも二階がタンスが、とても動かせない。母は通りすがる人たちみんなに、

「助けて下さい。生きうめになってるんです。」と声をかけ、男の人が六・七人になり、なんとか助けだすことができたが、おばあちゃんの意識がなかった。手伝ってくれた人の車ですぐに病院へ運んでもらった。

父は突然大声でなきだした。「だめかも知れない。」私はそれにつられてなけてきた。横にいた母は、「大丈夫、運の強いおばあちゃんだからきっと大丈夫。」と父や私をだきしめた。

そして母は、同じくペッシャンコになっているとなりのおじいさんおばあさんと、もう一軒おばあさんだけでくらしている人の所へ走っていった。生きていた。よかった。そしてコロがき。黒になってガレキの下から出てきた。ぶるぶるふるえてお母さんからはなれなかった。

ところが、病院から帰ってきた人の目の涙。おばあちゃんは助からなかった。お父さんは、道路にすわりこみ、大声でなきだした。

「後五分、十分早かったら助かっていたかも知れないのに……。」と。

母はなにもいわず、お父さんの肩をだいた。

第3章
作文教育の要！子どもがもっと意欲的になる赤ペン指導

1 「赤ペン」とは，なんだろう？

　赤ペン指導（赤ペン）とは，簡単に言えば，子どもの日記や作文に赤いペンでコメントを書き入れることです。
　子どもの字のまちがいや表現のおかしさばかりをチェックするような赤ペンの入れ方もあります。その場合，子どもによっては，作品が真っ赤になってしまいます。
　そういうものを，僕は「赤ペン」とは呼びません。
　実際，僕は，子どもの日記の誤字脱字を訂正したことは，ほとんどありません。
　では，赤ペンとはなんでしょうか。
　赤ペンは，子どもを励ますもの。元気を与えるもの。
　それが，僕の赤ペンの基本です。

　赤ペンを書くときに，一人一人にたくさんの時間をかけて，ていねいにていねいに書いたことが，教師人生で数ヶ月だけあります。震災の直後の数ヶ月です。このときにしたことを，普段から毎日できたらいいのですが，それは僕のキャパシティを超えています。
　「あのとき」だから，できたこと。でも，そのときに多くのことを学びました。

　震災のときは，人々の心が冷えていました。そして，家族や親類を，家を失った人たちがたくさんいました。だから，赤ペンを書くときに，細心の注意が必要でした。
　「ここの家は，今，こんな状況だから……」
　「こんなことを書いたら，おうちの方が傷つかないだろうか」
　そんなことを思いながら，一つ一つの作文に時間をかけていきました。
　「こういう言葉で励ましてあげたい」

第3章 作文教育の要！ 子どもがもっと意欲的になる赤ペン指導

「この言葉で本当にいいのだろうか」

一つの作文への赤ペンに，時間と心をたくさんかけました。一人に何十分という時間をかけて，全身全霊で赤ペンを書いていきました。

自己満足かもしれません。それでも，そうせずにはいられない状況だったのです。

これこそが赤ペンだと思っています。時間はそれほどかける必要はありませんが，書いた子どもの思いを受け止めること。そして，励ましてなんとか元気を与えるような言葉を書くこと。それが赤ペンなのです。

2 赤ペン先生になろう

赤ペン先生は，子どもと赤ペンでつながります。すべての子どもと赤ペンだけでつながることはできませんが，赤ペンは，子どもとのパイプの一つになっていきます。

僕とあつし君という3年生の子どもとの日記と赤ペンのやりとりを一部，本人の許可を得て示します。

彼のおじいちゃんが，入退院を繰り返していました。こういうことは，なかなかそのまま学級通信には書けません。実際には，最低週に一回は交流し合っていたものの一部です。□内が僕のコメントです。

● 9月20日

おじいちゃまが，23日に家に帰ってくる。でもたい院じゃない。外出してもいいと先生が言ってくれたので，午後から少しの間，帰ってくる。

外出を何回かして，その次におとまりのけいこをして，先生のオーケーが出たら，いよいよたい院だ。

ぼくはすごくうれしい。

だけど，ママのことが心配だ。はいえんになりかかっていたらしい。早くなおさないと……。

> ママはがんばりすぎたんだろうね。
> 「もっと気楽に……。いろんな人がいっぱい助けてくれていますよ。あつし君もそうだし，先生もそうだし，ほりさんたちもそうだし，がんばりすぎなくてもだいじょうぶだから，のんびりなおしましょう。」
> そうママに伝えておいてください。
> おじいちゃまは，たい院できるのかなあ。そうなったら，すばらしいね。

● 10月10日

今日は運動会だった。
おじいちゃまが見に来てくれた。ダンスも見てくれた。
選手競走の後，「よくがんばったね」と，うれしそうに言ってくれた。
ぼくはおじいちゃまが見に来てくれたことが，心からうれしかった。

> そうだと思う。運動会には見に来られないんじゃないかと思っていたので，先生も，本当によかったなあと思う。

● 10月31日

おじいちゃまはまた熱を出した。ママは毎日，お医者さんに連れて行ったり，おじいちゃまの部屋に行ったり，本当に忙しそうだ。
入院中のときより，いそがしそうだ。

> ママの体が心配だなあ。
> あつしは，自分の生活をちゃんとすることで，ママをささ

> えてあげましょう。

● 11月27日

　先生，さいあくのお知らせがあります。それはおじいちゃまがまた入院します。ぼくはママにそれを聞いたとき，ショックでなきそうになりました。本当にさいあくです。
　もう手じゅつはいやだなあ。はあー。

> 　おじいちゃまが一番ショックだと思うよ。ねばって，なおってほしいなあ。

● 1月2日

　今日はおじいちゃまの家へ新年のあいさつに行った。うれしかった。おじいちゃまから直せつお年玉をいただくことができた。去年のことを思うと，ゆめのようだ。
　本当ならお食事もいっしょにするはずだったけど，おじいちゃまの体調がよくなかったから，いっしょにできなかったのがざんねんだった。

● 1月6日

　明日からは新学期。先生，今年もよろしくおねがいします。

> 　あつし　今年もよろしく。去年はおじいちゃまのことで大変な一年だった。
> 　ママはそうとうつかれているみたいだね。先生はあつしのために何にもしてあげられないのは，ざんねんだ。
> 　でも，ずうっと，心にかけていることだけは，わすれないでください。

いつもありがとう。わすれていません。　あつし

● 2月5日

おじいちゃまの調子が悪い。
熱は出るし，頭もいたいとかで。昼はママはすごくいそがしそう。
今日，また夕方，おじいちゃまは救急車で病院に行った。
これからどうなるんだろう。心配だなあ。

> ずうっとだね。心配するのは，当たり前だ。
> 　大切なのは，おじいちゃまのことを考えるということは，よいくらしをするということだ。
> 　おじいちゃまは，自分のことを心配ばかりされるのは，きっといやだと思うよ。
> 　あつしはあつしで，しっかりとくらしてほしいと思ってらっしゃると思うよ。

● 2月23日

先生，お母さんはだいじょうぶですか。お年よりは体力がないから手じゅつすると後がたいへんですね。
おじいちゃまは十日に入院してから集中ちりょうしつに入ったままだから，なかなか会えません。あまりよくなってないみたいです。

> 後は，おじいちゃまの運だね。
> 先生のお母さんは，当分入院だよ。
> あつし，おたがいにがんばろうね。

● 3月2日

きょう，おじいちゃまが死んじゃった。

> あつし，なんと書いていいか分からないんだろうな。
> 　先生もあつしになんて言ったらいいか，分からない。すきな人が死ぬというのは，つらいことだから。
> 　先生も，去年，そういう思いをした。
> 　姉が死んだから。
> 　病室でみんなで集まって，テレビみたいなものをじいっと見つめていたことを思い出す。
>
> 　おととし，親友をなくしたことも，つらかった。
> 　だから，先生にはあつしの気持ちがよく分かる。

　最後，彼は一言しか書けなかったのです。でも，僕には彼の思いが痛いほどに伝わってきました。

　自分の母親の調子も悪くて，入退院を繰り返していました。この後一年も持ちませんでしたから，彼と僕の心はシンクロしていったのかもしれません。

　赤ペンを通して，どれほどのつながりができたかは断定できませんが，学校生活とは別に，僕と彼との間でやりとりがずっと続いたことは事実であり，その中で二人だけに通じる思いというものがあったように思います。

3　赤ペンの意味

　赤ペンを書くときに一番大事なのは，書かれたことから誠実に読み取るということです。

　ところが，口で言うのは簡単ですが，これが難しいことなのです。

　子どもの作文には，背景があります。背景を頭に置いて読まなければ，見えるものも見えてきません。

　子どもの置かれた状況，立場，家庭環境……。子どもの言葉をその背景と共に読み取らなければならないのです。

「私もお父さんにもらったら，うれしいです。」
　この言葉だけ取り上げれば，なんの特別な意味もないように見えます。
　しかし，この子どもが数年前に父親を亡くしているということを踏まえたら，その言葉の重みが変わってくるでしょう。その子の気持ちがずんとひびいてくるでしょう。
　それが背景を読むということなのです。
　背景を読んで，子どもの本当の思いをくみ取っていくということが，大切です。

　そうやって読み取った「思い」を，赤ペンで子どもに返していきます。それが赤ペンの基本なのです。

　では，赤ペンでは文章表現指導をしなくてもよいのかというと，そんなことはありません。子どもの書いた字を添削してまわるなんていうのは論外ですが，僕は，子どもの心を受け止めた赤ペンを入れた後，必要を感じたら，文章表現指導の赤ペンも入れます。
　たとえば，こんな感じです。
『君の文章は，「　　」が全然ないよ。「　　」をもっと使って，友達の言ったことや家族の言ったこと，自分の言ったことを書いてほしいな。』とか，
『「みんな」という言葉はどれだけの人のことを言っているのかな。一緒に遊んだのは，だれとだれとだれなのか，その人の名前をきちんと書いてほしいな。そうすれば，君の書いていることが，とてもよく分かるようになる。』
　このような赤ペンを入れています。

第3章　作文教育の要！　子どもがもっと意欲的になる赤ペン指導

4　赤ペンの書き方

　僕は，主に二つのことを頭において，赤ペンを書いていました。
　一つは，ずっと述べてきたように，子どもを受け止めたことからの言葉を返していくということです。
　もう一つは，先ほども書いたような文章表現指導です。こちらは，別に書かなくてもかまわないという気持ちで，必要だなと思ったときだけ，書きます。でも，それは，誤字脱字の修正ではありません。
「ちょっと工夫しただけで，こんなにいい文に変わるんだよ」
というアドバイスですね。

　言葉は，常に優しくあることを心がけています。別に敬体でなくてはならないとは，思いません。子どもによって書き方を変えてもいいと思っています。
　でも，友達に書いているわけではありませんから，教師としての一線は持つべきだと思います。

5　赤ペンは個とのパイプである

　1年生を受け持ったとき，一人の子どもがこんなことを書いてきてくれました。
「日記を読み返してみました。あの多賀先生の赤い字を見ていると，心がふわーふわーとしてきます。」
　うれしいですねえ，この言葉は，僕に勇気をくれます。
　赤ペンは，決して一方通行ではありません。子どもの言葉が教師を励まし，勇気づけることもたくさんあるのです。
　「教えてやる」「指導するんだ」というような気持ちで赤ペンを書くべきではありません。

赤ペンは，子どもとの心のパイプなのです。

6 コメントしにくいときの工夫

日記や作文には，ときどきものすごいことが書かれます。

子ども同士のもめごとや「いじめ」を疑わねばならないこと。

家族のトラブルなど，プライバシーに強く関することに，先生への文句や悪口。

これらは，本当にコメントしにくいものです。赤ペンは残るものだから，うかつなことを書くと，後々，めんどうなことになってしまいます。

そして，保護者の方もそのコメントを見る可能性が大きいのです。

①事例１　子ども同士のもめごと

子ども同士のもめごとが作文に書かれてきたときは，すぐに反応しない方がいいのです。その子の思いを受け止めることが大切ですが，相手のあることは，相手の言い分もあるわけですから，その子の書いたことだけを鵜呑みにしてコメントすることは危険です。

いつも，子どもたちの背景をよく知っていて，子どもたち同士の人間関係や性格をつかんでいれば，比較的たやすくコメントできますが，まだよく分からない段階でのコメントは危険です。

では，どうすればよいのでしょうか。

子どもが書いてきたとき，もめごとの事実はともかくとして，その子の感じたことはウソではありません。その子の書いたことを繰り返して，

「そうなのか。……だったのですね。それはつらいことでしたね。」

という言葉を添えます。まずは，気持ちを受け止めるためのミラーリング（相手の言葉や行動を真似ることで，親しみが増す効果を得られる手法）なのです。

第3章　作文教育の要！　子どもがもっと意欲的になる赤ペン指導

　もちろん，そこから事実関係をきちんと把握して対処したり，担任としてしなければならないことはたくさんありますが，まずは，ミラーリングで受け止めるのです。

②事例2　家族のトラブル
「先生，お母さんが友達と電話しながら，『もう離婚する』と言っていました。僕は，どうすればいいのですか。」
「お母さんが家を出て行きました。私には，どうしようもありません。」
　こういう日記や作文が出てきたら，どうすればよいのでしょうか。
　子どもの学年によって変わることは言うまでもありません。しかし，基本的には，どういうコメントをしてあげればよいのか悩みます。家族のトラブルに関して，教師は無力なのですから。
　こういうときは，教師としてできることだけを言います。
「一緒に考えようね。」
と言うのが，精一杯かもしれません。
「学校には先生がいるからね。あなたの気持ちが少しでも楽になるなら，話してくれたらいいよ。」
というコメントもありですね。

　学校の仲間たちの名前を書いて
「中村さんも，石川さんも，あなたのことを支えてくれると思いますよ。」
と言うのも，いいでしょう。
　教師が子どもにしてあげられるのは，学級がその子にとって癒しであり，ほっとできる場であることを示してあげることではないでしょうか。

101

③事例3　先生への悪口

先生への悪口には，いくつか種類があります。

下のA〜Dの4種類です。この四つが，絡み合います。

担任自身への悪口	A．悪口の理由に筋が通っていない	B．納得する理由がある
他の先生への悪口	C．悪口の理由に筋が通っていない	D．納得する理由がある

A．担任への悪口で，理由の筋が通っていない場合は，まず，

「よく先生に対して，直接そういうことが言えましたね。」

と褒めましょう。そこからはコメントではなく，二人でじっくりと話し合っていくしかありません。

誤解は解いてあげないといけませんし，考え方がおかしい場合は，説得も必要でしょう。

B．担任への悪口で，理由の筋が通っている場合は，謝ることが先決です。きちんとていねいな言葉で心から謝ります。そして，これからどうしていくか，自分の意志を示します。

「先生は，これから……に気をつけるようにします。できていなかったら，また，教えてください。」

というように。

子どもたちは，きちんと謝る先生を軽く見たりはしません。謝ってばかりだと，問題ですが……。

C．担任以外への悪口で理由の筋が通っていない場合は，冷静に客観的なコメントが必要です。

「〇〇先生の誤解をしているのは，あなたにとっても損なことだから，こ

の誤解は解いておきましょう。この話は……。」
というように，です。
　悪口を言ったということそのものについては，触れなくていいと思います。誤解が解けたり，自分の考え違いに気づいたりしたら，子どもの方から謝ることもあります。

　D．担任以外への悪口で，理由の筋が通っている場合は，覚悟がいります。
　子どもの味方についたら，他の先生への批判を容認することになります。
　冷静な人ごとのようなコメントを書いたら，「この先生はあてにならない」と思うでしょうね。
　また，
「先生の悪口は言うべきじゃない。」
と言うようなコメントを見たら，その子は二度とそんな教師には本音を語ろうとは，しなくなるでしょう。

　つまり，こういう作文や日記は，教師に立ち位置をはっきりしろと求めているのです。日ごろ子どもの立場でものを考えているようなことを言いながら，同じ教師仲間については，きれいごとですませようとしたら，底を見透かされます。
　だからといって，同僚への悪口にほいほいとのって同調していくことは，抵抗があります。

　正直，こういう場合に適当なコメントはありません。自分が絶対的に子どもの側に立つという決意があれば，自ずから，コメントは決まってきます。
「君の言うことは，もっともだと思います。先生は，君の考えはまちがっていないと思います。」
というようなコメントになりますね。
　しかし，これは仲間への否定的なメッセージなのですから，覚悟がいりま

す。
　子どもが担任の教師に他の先生の文句をわざわざ書いてくるというのは，担任を信用してのことなのですから，それにどう対応するのが誠実なことなのかを考えなくてはなりません。
　この扱い方一つで，信頼も不信も決定的になる可能性があるのです。

第4章
学級通信が大活躍！
実例で見る作文教育

この章は，学級通信が子どもをどう育てていくものなのか，具体的な僕の実践から語ります。その方が，どういうことを大切にしていくことが根底にあるのかを，考えてもらいやすいからです。

　僕には忘れられない思い出があります。

> 　Nくんは、入学式の日、包帯をぐるぐる顔に巻いて現れました。
> 　公園で焚き火にあたっていて、何かの缶が爆発したのだそうです。
> （阪神大震災の直後で、各地でそういうことがありました。）
> 　Nくんは、腹もたったのでしょう。「いやな気持ちだ。」と言って、少し暴れていました。
> 　子どもたちが「ミイラだ。」と言ってはやしました。
> 「先生がついているから大丈夫だよ。」
> というと、しばらくはがまんしていましたが、
> 「いたくてむかむかする。」
> と言っては、立ち歩いてふらふらしていました。
> 「動き回ったら、もっと痛くなるよ。」
> と言って、しばらくはじっとしています。でも、また……。
> 「うん、そうだね。じゃあ、じっとしているよ。」
> これでは入学式が心配だと気をもんでいました。
> 　ところが、式が始まると緊張して静かにしているのです。周りの子どもたちと同じようにできていました。
> あの状態でじいっとしているには、大変な努力が必要だったことでしょう。
>
> 　　　　　　　　　　　　学級通信「あすなろ」より

　N君という子どもがいました。入学式で初めて出会ってびっくりしました。顔に包帯がぐるぐる巻いてあったからです。

　阪神大震災の後，各地に空き地が出現し，なぜかどこにでもドラム缶が置いてありました。その中にいろんなものをほうりこんで，暖をとっていることがありました。

　N君は，たまたまそこにいあわせて，誰かが投げ込んだスプレー缶の爆発

に巻き込まれたのです。命の危険までありました。

　そのときの「わかくさ」という学級通信に書いたのがこの文章です。
　こういうことを教師が書くということも，学級通信の大切な手法の一つです。
　この文集を出したあくる日に，N君のお母さんが手紙をくださいました。

「うちの子に『わかくさ』を大きな声で読んで聞かせました。
　最初，少し顔をこわばらせ，
『あいた。』
という感じでしたが，最後にほめていただけたと感じたようで，
にっと笑顔がもどりました。
　『わかくさ』を家族中に見せました。祖母，祖父，……みんな笑顔で読んでいました。」

　このようにして，文集でN君の姿を伝え，お母さんがコメントをくださるということが繰り返されました。

　N君は，体の大きい子でした。
　事故のトラウマからか，ちょっと誰かの体があたっただけで過敏に反応しました。ですから，ケンカが絶えません。
　下校時に，子どもたちを駅まで引率していくとき，途中でしょっちゅうケンカになりました。すぐにかっとする彼をおもしろがって，挑発する子どもたちもいたのです。
　イライラしていたので，自動販売機に当たり散らすこともありました。
　僕は，彼と手をつないだまま駅まで行って，お母さんに直接引き渡すようにしました。

暑くなると，汗とかさぶたがはがれるかゆさで，さらにイライラしていました。1年生です。そんなイライラを我慢しきれるはずがありません。
　不適切な行動がいくつもありました。
　僕も，彼の気持ちは分かっているはずなのに，つい，N君を怒鳴りつけてしまうことがありました。
　でも，そんな僕のことを，N君は家で
「ぼく先生は大好きだけど，学校はきらいだ」
と言ってくれていました。

　あるとき，お母さんが，弟が寝ているだろうと思って，そうっと家の中に入ってきたというN君の行動を書いてきてくださいました。ほっとしました。
　お母さんの書いてきてくださるそういう子どもの姿や優しさが，僕を支えてくれました。
　お母さんとの「パイプ」の力でした。
　教師は，子どものちょっとした優しさや，すばらしさに支えられるものなのです。

　でも，1年生の他の子にN君がなんで乱暴するのか理解しろという方が無理です。彼は「凶暴」と呼ばれるようになりました。もちろん，そのときは，叱りましたが……。
　そのころ，児童館の七夕の飾りつけの短冊にN君が書いたのが，こういう言葉でした。

「ぼくは，いろんなともだちとなかよくなりたいです。」

　ここに込められているN君の思いに，僕は，胸がつぶれるような気持ちになりました。

この後の話ですが，僕はひたすら学級通信（一枚文集）にN君の優しい姿を書き，子どもたちに伝えていきました。文集を読んだ保護者の方たちからも
　「N君って，やさしいお子さんですね」
という言葉をいただくようになりました。文集で伝えてなければ，きっと「乱暴で狂暴」なN君だけが伝わっていっただろうと思います。

　二学期になって，N君の怪我も完治し，本当は色白だったんだなと分かるようになるころ，N君は全く人に手を出さないようになっていました。
　イヤなことも，我慢できるようになりました。
　それどころか，友達のケンカの間に大きな体を入れて，仲裁するようにまでになりました。

　10月のお母さんの手紙です。

　「運動会，お疲れさまでした。すばらしかったですね。
　先生の優しい目が，子供たちの心をほぐしていました。みんなの目も，きらきらしていました。
　『学校楽しい？』
と聞くと，
　『何言ってんの。楽しいにきまっているやんか。』
　ありがとうございます。
　少し安心して送り出すことができるようになりました。」

　そして，1年生の終業式の日に，感謝状をいただきました。

> 感謝状　　多賀先生
> 　ごんたなわが子を，よくぞ人並みに育ててくださり，ありがとうございます。終始こけっぱなしなわが子。うちの子に限って……など，一度も思えなかったわが子を心から信用できるまでに育ててくださり，ここに感謝状を贈ります。
> 　平成九年　三月十九日
> 　　　　　　　　　　　　　一年二組　　N

　書くことを通して，僕とN君とお母さんとの間に大切な時間を作ることができたのだと思います。

　学級通信を書くことの意義が，少しお分かりいただけたでしょうか。

1 学級通信を見直そう

　学級通信には「力」があります。
　僕はずっとそう信じて実践してきました。
　これこそがまさしく「作文教育」そのものなのです。
　ここまで述べてきたことと少し重複することがありますが，改めて学級通信の持つ力を見直したいと思います。

＊心を開いていく

　「こんなことを書いていいのかな」
　「みんなに笑われないかな」
　心を開くということは，抵抗のあることです。そんなためらいを超えて，クラスで自分の思いを伝えていこうとすることが，開かれた人間を育てます。
　学級通信は，心をクラスの仲間に開いていくためのてだてです。

第4章 学級通信が大活躍！ 実例で見る作文教育

＊お互いに認め合う

「友達のよさを認めよう」
と，言葉の上だけで言うのではなく，友達のよさを子どもたちや教師がきちんと見つめて書き，学級通信に載せるのです。学級通信に載せれば，一生，ずうっと「よさ」が書いて残ることもあります。場合によっては，その子やおうちの方の心の支えにもなっていきます。

＊心を癒し合う

「ここにいるだけで，心がほっとする」，そういう環境を「癒しの環境」と呼びます。クラスが育ってくると，学級通信を読み合うだけで，「みんなや先生に受け止めてもらっている」という思いになるものです。

第2章の阪神大震災のところでも書きましたが，自分の書いたものをみんなの前で読んでもらったり，友達が学級通信を黙って読んでいたりすると，書いた子どもの心が癒やされるということは，本当にあることなのです。

＊共感する

学級通信を読むということは，それだけで書き手の心に寄り添っていくことです。その人の心の跡を何度でもなぞっていくことができるのです。

右の二つの文（一部抜粋）は，友達に身体的な悪口を言われた

> 「わかったよ。いわないよ。ぜったい言わないよ。でも，ぼくがおこったとき，言ったら，ごめんね。」
> 「先生が＊＊さんの詩を読んだとき，とってもかなしかったよ。だって，＊＊さん，かなしそうだった。だから，かなしかったんだよ。」

子どもの文章を読み聞かせたときの，2年生の子どもたちのものです。2年生なりに自分の言葉で懸命に受け止めようとしていることが，分かります。

個々の子どもたちは，お互いにどんな生活をしているのか，どんなにしんどい思いをしているのか，よく分かってはいないものです。しかし，書いたことを学級通信で読むことで，友達の心に少しでも寄り添うことができるの

ではないでしょうか。

1 読んでもらえることがまず目標である

　どんなにすばらしい通信を書いても，読んでもらえなければ何の意味もありません。教師がいかに優れた理論や考え方を高らかに唱えようと，読みたくないと思われれば，それまでです。
　文章が得意な（だと自慢の）先生がいらっしゃいました。かっこいいタイトルの通信を出して，ご自分の考えをとうとうと述べていらっしゃいました。でも，保護者は，
「あれって，子どもの作文をコピーして貼り付けて，自慢話を書いてるだけですよね。あまり読みたくありません」
と，おっしゃっていました。

　自分の考えを伝えることは，とても大事なことです。
　だからこそ，読んでもらえるために，どんなことをするべきなのか，ひと工夫するべきだと思います。

2 レイアウトを工夫する

　通信のレイアウトに視点を置くのは，本来の目的とは異なっているように見えます。しかし，そうではありません。
「どんな書き方をしても，レイアウトなんて考えずにただ子どもの作文を載せていたら，必ず読んでもらえる」
というような考え方があります。これは，教師の一人よがりだと思います。
　学級通信の読み手は，まず保護者。お父さん，お母さん，おじいちゃん，おばあちゃん……と，多岐に渡っています。いろいろな方に読んでもらえるための学級通信づくりをするべきです。子どもを取り巻く多くの方々が子どもたちの生活に目を向ける機会を広げるためにも，読みやすいレイアウトは，必要なのです。

第4章　学級通信が大活躍！　実例で見る作文教育

ふと目を止めてしまうようなレイアウトの在り方を考えましょう。

　　※以下は，『レイアウト事典２』（内田広由紀／デザイン・ハンドブック・シリーズ）を参考にしています。それが学級通信を書くときには，どのように活かしていけるか，実例をもとに語りたいと思います。

①タイトル・小見出しで注意をひく

　お父さんが通りかかったときにテーブルの上の学級通信を見て，
「おもしろそうだな。読んでみようか」
という気持ちになるようなタイトルをつけましょう。
　そのためのてだてをいくつかあげます。

・印象に残る言葉を抜き出す
・日常生活で見つけた子どもの長所や生の姿を書く
・本文の値打ちや意味を短い言葉で要約する
・子どもの名前を印象付けるような書き方をする
・インパクトの強い言葉を使う

　さらに，太字にしたり，レタリングしたり等でクローズアップして，冒頭に持ってくるように工夫します。

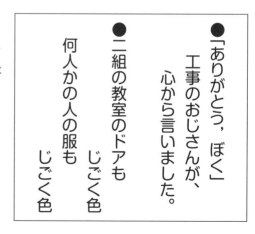

●「ありがとう，ぼく」工事のおじさんが，心から言いました。

●二組の教室のドアも　じごく色
　何人かの人の服も　じごく色

②小見出しやリード文を罫線で囲む

　小見出しを罫線で囲むと，そこが強調されるだけでなく，そのリード文の体裁が整えられます。

　また，字数が不足していても，罫線で枠を作れば，空間が埋まったような印象を与えます。

　あんまりぎっちりと文字が並ぶと，人は読もうという意欲を失います。罫線は，読みやすくするためのコツの一つです。

若草　一九九七年十二月十六日　甲南小二年通信

「子どもから時間を奪って，『早く，さっさと』と言ってませんか。」

『たけるくんの物語』

　たけるくんは，学校の帰りに，月曜日と水曜日だけ水泳教室に通います。水曜日には，英語の先生のところへ行きますが，週に一回だけです。

　塾は金曜日。これもたった一つの週に一度だけで宿題は一時間もあればかたづきます。

　月に一度ぐらいは，お父さんが休みをとってくれるので，キャンプへ行ったり，ディズニーランドへ行ったりします。それ以外の日曜日は体操教室でみっちり鍛えてもらうのです。

　きょうは，先生が，宿題のプリントをいいかげんにしている人の名前を呼びました。

　たけるくんも呼ばれました。

「おかしいなぁ。ぼくは，いっしょうけんめい，さっさとやってるよ。どうして先生はいいかげんだなんて言うんだろう。」

　たけるくんは，困ってしまいました。ママは，たけるくんの時間の使い方が悪いんだといいます。

　でも，たけるくんには，時間の使い方なんてことか，全く分かっていないのです。

「もっと本を読みたいけど，なんか時間がないんだよなぁ。さっと読めろマンガの方がいいな。やっぱりぼくはいそがしいのかなぁ」

114

第4章 学級通信が大活躍! 実例で見る作文教育

③段組みを工夫する

いつも同じ段組みだと、ワンパターンでマンネリした感じを与えます。ときには、段組みを変えることによって、学級通信の雰囲気そのものも変わります。

＊格調高い一段組み

一人の文を大きく取り上げたいときに使うと有効です。一段組みのときには、上下に空間を大きくとっても、不自然な感じにはなりません。

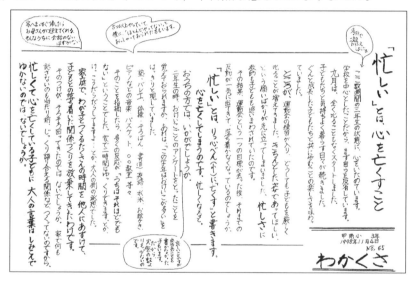

＊オーソドックスな二段組み

二段組みは、改まった感じが和らいで、堅苦しさもとれて、平易な感じになります。

人間工学的にも、行長がほどよい長さになり、読みやすくなるそうです。

さらに、題字、罫囲みなどを工夫し、ちりばめた構成を考えると、誌面が単調にならなくてすみます。

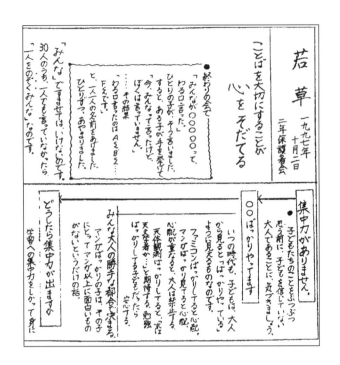

＊ときには，三段組，四段組もあっていい

　三段組，四段組にすると，誌面が詰まったような印象を与えるので，そうならないような工夫が必要です。

　例えば「　　」を太字で使って，そこにポイントを作ったり，どこかに空間を作って落ち着かせたりします。

　また，カットをうまく散らすと，そこがアクセントになって，読みやすくなります。カットを入れるときは，図として，誌面の上下左右におけるバランスを考慮します。

　④横組みは解説文向き

　横書きになると，目の動きがスムースになって，読みやすくなります。子どもたちは，実は，横書きの方が読みやすいのです。1年生で縦書きの教科

書だとたどたどしくしか読めない子どもが，算数の教科書の横書きだと，ふつうに読むことができるということがあります。

　ただし，一行の字数が四十字を越えると，次の行との混同が起こりやすくなって，読みにくくなります。

　そういう場合は，1ページを二段にすると，構成上の変化をつけやすくなり，活気のある誌面になりやすいのです。

　同時に，誌面がなんとなく落ち着いた感じになります。

⑤その他の工夫

＊レイアウトでゴージャス感を出す

　なかなか短い文しか書けない子どもっていますよね。そういう子どもたちの作文を，罫線やカットを入れて空間を埋めたり，短い教師からのコメントを小さな文字で書くことによって，カット風にできます。

＊カットでポイントを作る

　カットは，文章と密接に関連したものを用います。なんでもよいわけではありません。僕は，自分が絵を描くのが好きだったので，自作のカットをよく使っていました。

　ときには，子どもたちの描いたカットを載せるのもいいですね。誌面に活力が出ます。

　「対比」を意識して，上下左右のバランスを考えて入れるようにします。

＊文頭にアクセントを

　文章の途中で文が変わるときに，その文頭を太字にすると，それがアクセントになって，読みやすくなります。

＊空間を作るということ

　天地左右を罫線で囲むと，落ち着きます。また，そこだけが特別な印象を与えます。

　余白は，少ないと，情報感が満載で息苦しくなります。余白のないぎっちりした学級通信をよく見かけますが，あれでは，活字の得意でない人は，見ただけで敬遠してしまうかもしれません。

　また，誌面の右下，ここは，あまり余白がない方がいいのです。そこが空いていると，なんだか落ち着かない印象を与えます。いつも意識しましょう。

　ライン一本を引くだけで，そこに空間が生まれることもあります。罫線を使って，区切ったり，強調したり，さまざまなことができます。

あらゆる書物がそうですが，今は，余白のない文章は好かれません。また，余白のある方が，誌面が明るく感じます。

＊行間を適度にする

行間は，狭すぎるとぎっしり感が増して，読みにくくなります。しかし，広すぎても，間延びした感じになります。『レイアウト事典2』によると，ほどよい業間は，半角から全角分の間だそうです。

＊右下を意識する

なんでもそうですが，物は重心が下にあると安定します。通信や文集も同じで，右下に重いものを持ってくると，全体が安定します。

上の「もえぎNo.29」のタイトルが右下にあるのも，そのことを意識したものです。右下に空間を作ってしまうと，なんとなく安定感のない文集になってしまいます。

また，右上にタイトルを付けたりして右上を重い感じにしてしまうと，どうしても誌面に不安定感が出ますから，左下にカットを入れるなどして，バランスをとります。

3 クラス全員の作文を掲載する工夫

　僕は全員の子どもの作文を学級通信に均等に出さなければならないとは，思っていません。

　でも，同じ子どもの作文ばかりに偏ることのないように，工夫はしていました。特定の子どもばかりが載っていると，どうしても載らない子どもやその保護者の方が，不満に思います。

　学級通信に載せにくい子どもというのは，やはり，もともと書くことが苦手で長い文章を書くことに抵抗のある子どもが多いのです。

　そこで，「三文作文」を何回か書かせて，日ごろ学級通信に載らない子どもたちを優先的に載せていきました。

　はじめから三文の作文なのですから，書いている量が少ないとは，誰も思わないのです。書く子どもたちも

　「このくらいなら書けるよ」

という感じで気軽に書くことができます。

◆きょう，多賀先生がおこってた。ぼくは，「うわーこわ。」と思った。「先生きょう，きげんわるー」と思った。

◆きょう，わたしは，多賀先生がおこってるのを見た。
「きょう，みんなだめだなぁ」と思った。
おこんないでね。

◆きょう，先生がおこった。
すごくこわかった。
ぼくにそれがあたったら，ないていたと思う。

◆先生に聞きたいことがあります。
本当に終わりの会の時，ねているんですか。
教えて下さい。

たった三文だからと，バカにはできません。そこには，子どもの思いやきらりと光るような考え方がしっかりと書かれていて，その子の個性というものも，表現されているものなのです。

三文作文の通信では，僕にとって都合の悪いことを中心として載せました。
教師に都合のよいことばかり載せていたら，子どもたちは日記や作文にそういう文章ばかりを書くようになっていきます。
ときどき，先生への称賛ばかりが掲載されている学級通信を見ますが，そんなものになんの意味があるでしょうか。子どもに都合の悪いことは載せるけれど，教師の都合が悪いことは載せないなんて，出せば出すほど，子どもと保護者の信頼を失います。

2 出し続けることの意義とてだて

単発でときどき忘れた頃に出る学級通信は，あまり読んでもらえなくなる可能性があります。少なくとも毎週は出るという一定のペースがあると，保護者も子どもたちも，それを楽しみにしてくれます。
また，出し続けることは，教師に対する信頼を高めることにもなります。何度も，
「あの先生は，通信を，思いついたときだけ出す」
と，保護者に言われているのを聞いたことがあります。
一週間に一度のペースならば，できれば，週末か週のはじめに出すと決めておいた方がいいと思います。高学年になると，学級通信に都合の悪いことを書かれると，隠してしまうこともあります。定期的に出していれば，保護者も子どもが隠していることに気づきやすくなります。

出し続けるためには，「先生にやる気さえあれば……」というものではありません。

もっと具体的な方法を持っておくことです。
　教師は，忙しいときには通信を出しにくくなります。学級通信がいつも優先順位の上位にあるわけではないのです。また，書く時間のあるときに，いつも手元に適当な作文があるわけではありません。「さあ，書くぞ」と机に向かったときに，作文が選べないことがあります。
　そのことを踏まえて，常にストックを持っておくといいですね。

　僕は子どもたちの日記や作文で，「これ，載せたいな」と思ったものはコピーして，リード文を書き込んで机の中に入れておきました。そうすると，きちんと書く時間のあるときに，それらを活用することができるからです。
　僕の後輩は，常に作文を通信に【手書きで】書き込んだものをたくさんストックしていました。一枚の通信の一部だけ書いたものがたくさん，机の中に入っていました。
　こういうストックがあれば，簡単に通信を書くことができます。一枚の通信を全部レイアウトして書くことは，けっこう面倒なものですが，ストックがあるために，書きやすくなります。

　また，定期的に書くネタがあるという工夫も必要です。
　たとえば，新年度の初めに，保護者にわが子が産まれたときのこととか，名前の由来などを書いてもらって，それを誕生日ごとに学級通信に書くのです。これなら全員の名前が載るし，三十人のクラスならば，30号の通信のネタになるわけです。

　持ち上がりのときには，一人一人の子どもに合った詩を選んで載せる，ということもしていました。子どもの個性に合った詩を選ぶのは，けっこう大変ではありましたが，楽しいものでもあり，一人一人の子どもを理解することにもつながりました。
　全員の子どもに歌を作って贈った凄い教師がいましたが，そういうことも，

書くネタになりますね。

3 ぬくもりのある「手書き」を活用しよう

　僕は，手首を痛めて，最後の数年間は手書きの通信が出せませんでした。そのことには，少し悔いが残っています。
　最後の最後まで手書きで出したかったのです。

　これまで，学級通信の実例を御覧いただいてきたので，僕は決して字の上手な教師ではないということは，お分かりだろうと思います。
　それでも，手書きに執着し続けました。（本書内では，読みやすさを考慮して活字にした学級通信例もありますが，実際にはほとんど手書きで書いています。）
　今，ほとんどのプリントがパソコンで作られています。きれいな活字で書かれていると，整理されて読みやすいものですが，そういう中での手書きの学級通信は，見ただけで，人のぬくもりを感じることのできるものだと思う

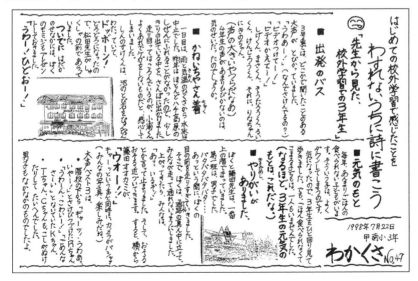

のです。活字慣れした保護者も，唯一手書きで届けられる学級通信に，先生のぬくもりを感じることができるのではないでしょうか。

　また，子どもたちの作文を手書きで書いていると，その作文を読んでいただけのときとは違って，書いた子どもの息づかいのようなものが伝わってきます。

　これは，手書きでないと，なかなか分かり得ないものです。子どもの作文を書き写す作業は，手書きの場合，まさしく書写しているわけです。読んでいただけでは分からなかった微妙な子どもの感じが分かってくることがあります。

4　無理なく楽しもう

　楽しくないことは，なかなか続きません。学級通信を書いていて楽しいという気持ちが出ないのならば，止めた方がいいと思います。何も，教育は「作文教育」だけではないのですから。

　なにか「業」のように学級通信を出す方もいらっしゃいます。数を誇る方もいらっしゃいます。

　でも，僕はそういう感覚はありませんでした。

　学級通信は楽しいから出すのです。

＊子どもたちが楽しみにしてくれます
「自分の作文が載っているのかな」
「あっ，吉田君，君のが載ってるよ」
「恥ずかしい。私のあの作文が載ってる」
　子どもたちのこういう反応が楽しくて，また通信を書きたいというモチベーションが沸き起こってきました。

第4章　学級通信が大活躍！　実例で見る作文教育

＊自分の思いを表現することは，楽しいことです

　それが楽しくない先生もいらっしゃるかもしれませんが，僕は書くことそのものが楽しかったです。

　文章じゃなくても，いいのです。カットを描くのが得意な先生は，子どものカットを描くことが楽しみでいいのです。

＊子どもたちの変容が見えてきます

　教師として最も楽しいことの一つが，子どもたちの変容ではないでしょうか。

　学級通信は，その変容を記録していくことができる楽しいものなのです。

　次ページの通信は，3年生の段階でかなり問題になった学年を担任したときのものです。

　僕は，問題だと言われる子どもたちに対して身構えていました。でも，この子たちがただの乱暴者たちの集まりではないということがこの出来事から分かったのです。

　1〜3年生と，担任から叱責注意などを繰り返し受け続けてきた子どもたちでした。

　外から見ていたときは，

「とんでもない子どもたちだなあ。倉庫の屋根の上に登って，女の子に石をぶつけているし，先生に文句言っているし……」

というところしか，見えませんでした。

　兄弟関係の多い学年を前年度に担任していたので，保護者のみなさんからも，悪い話をたくさん聞いていました。保護者の子どもたちへの評価も低かったのです。

　この学級通信は，新学期が始まった直後の出来事を書いたものです。

　僕には，これが，最初のこの子たちのきらめきのように思えたのです。

監視は必要か!?

「日番という名前をやめて,委員長とします。委員長の仕事は……。」
と,いろいろ仕事の説明をしていました。
「先生,そうじの監視はしないの?」
「えっ,何それ?」
　　　　　ギクッ!!　「監視」とはまた,どぎつい言葉だなあ。
「そうじ,ちゃんとしないから,日番が監視してまわっていたんだよ。」

監視という言葉はやめるとしても,そういう習慣なのであれば,委員長の仕事に加えようかなあ……と,心が動いたとき,3～4人の子どもが

「それは3年生のときのことで,4年生になったらそうじをちゃんとするかも知れないよ。」
「3年生のときはみんな不真面目にやっていたから監視がいったけど,そんなのいらないよ。」

心にひびく言葉です。改めて,子どもたちが新しい校舎に移ったことや,新しく高学年になったことなどで,自分たちを刷新しようとしているのだと気づかされました。
　　　　　今のその気持ちを大切にし,生かしたい。
　　　　　　　　今でないと,できないぞ!
身の引き締まる思いがしました。同時に,この子どもたちと一緒に考えていけば,いろんなことができるだろうな,という可能性もふくらんできました。そこで,
「よし,それなら,しばらくみんなのそうじがどう変わったか様子を見ようじゃないか。その上で,必要になればまた,みんなで考え合おう。」

(1987年4月11日　学級通信「飛び出せ4年号」より)

この子たちの思いを，僕もしっかりと受け止めなければならない。そして，保護者のみなさんにも，「この子たち，なかなかやるものですよ」と伝えたい。そんな気持ちから書いた通信だったのです。

　ただし，この子たちが，それからみんながちゃんとそうじをしていった……というわけにはいきませんでした。やっぱり，なかなかのやんちゃぞろいでした。

　本当に苦労した学年で，6年生までの三年間受け持って，心身ともにぼろぼろになりましたが，たくさんのことを子どもたちから教わりました。

　この子たちを受け持って，僕は初めて一人前の教師に育ててもらったのだと思っています。

5 「ここで出す」というタイミングがある

1 子ども個人にとってのタイミング

　学級通信には，子どもを励ますという目的があります。このときにこそ学級通信で取り上げたい，という時期があるのです。

　菊池省三さんの「褒め言葉のシャワー」を真似て，3年生の教室で実践していました。毎日，一人ずつ前に立って，子どもたちがその子のよいところを褒めるというものです。

　ある自己肯定感の薄い子どもがいました。

　「自分が前に立ったときに，シーンとなったら，どうしよう。そのことをずっと考えている。」

と，日記に書いてきました。

　僕はその日記をコピーして手元においたままにしておきました。そして，その順番の来る二日前から，ことあるごとにその子のよいところを子どもたちの前で褒めていきました。絶対に失敗させるわけにはいかなかったのです。

　もちろん，その子の番になったとき，子どもたちは，どんどんよどみなく褒め言葉のシャワーを彼に浴びせかけていきました。その次の日の日記には，

そのときのうれしい気持ちや，自分を振り返った言葉が並んでいました。

　僕は，前にコピーしておいた日記と，今回の日記とを並べて，その子がどんな気持ちで過ごしてきたのかを，学級通信で書きました。子どもたちは，その学級通信から，その子の思いを感じ取ったことだと思います。

　こういうことは，一つまちがうとあざとさにつながるので，よく考えて取り組まねばなりません。

　しかし，子どもを励ます，学級のみんなに示す通信には，タイミングというものがあるということなのです。

2　保護者にとってのタイミング

　保護者を励ますことも，学級通信の大きな力だと思っています。

　阪神大震災の後，毎週末に出す通信には，保護者に対する子どもたちのメッセージを込めるようにしていました。毎日何をするにも時間と労力がかかって，週末には親御さんたちはくたくたになっていました。二ヶ月も経つと，精神力や「もっと大変な人がいる」という思いだけでは，続かなくなってきていました。

　だからこそ，そんなおうちの方へのメッセージになるような作文を選ぶようにしました。

◎……私たちは「つかれているから，ねかしといてあげよ」
　と言って，ねさしてあげています。
　　私はいつも，疲れているお父さんに，早く落ち着いてゆっくりさせてあげたいな，と思っています。

◎……お母さん，このごろ元気でない。家に帰るとぐっすりねている。
　　いつもだったら，こんなことではなかったのに。……早く元の生活にもどって，お母さんに楽をさせてあげたいな。

こういう学級通信に書かれた子どもの言葉は，書いた子どもの親だけでなく，他の保護者の心にも癒しを与えたように思います。
　僕は，学級通信と合わせて，週末には宿題を増やして，
「君たちが勉強している姿が，一番お父さんお母さんを安心させるんやで」
と，お父さんが帰ってくる頃に勉強しているようにしようとアドバイスしていました。
　子どもが保護者に対してできることは，このとき，結局，勉強することだったのです。

3 学級にとってのタイミング

　学級通信は，子どもたちみんなに考えてもらう大切な機会でもあります。学級にとって，最も必要で効果的なときを考えて出すべきだと思っています。

　運動会の直前で子どもたちのテンションが上がっているときに，徒競走のためにがんばっている二人の子どものことを通信に載せました。
　一人は，なかなか走るのがしんどい子どもでした。その子と一緒に走って練習するもう一人も，それほど速いわけではないのですが，励まし合いながら二人でがんばる姿を，どうしても運動会の前に子どもたちに伝えたかったのです。
　彼らの走る姿を心から応援してほしかったからです。

「れんしゅうしてるよ」

　今日，Sくんとはしるれんしゅうをしました。Sくんは，作文に「いつもビリ」とかいてありました。
　それがすごくかわいそうに思って，ぼくは
「がんばればいつかははやくなるから，くじけるな。」
と言っていました。

いっしょにれんしゅうすれば、おたがいにはやくなればいいなと思ってれんしゅうしました。
　おにごっこでも、ピンチのときしかゆうぐにのぼらないことにして、ずっとはしっていることにしました。
　Ｓくんは、
「手がはやくふれてる。」
と、ほめられていました。
　ぼくはＳくんみたいに手がはやくふれないので、足のかいてんのほうがはやいと思います。
　そうするといいことがうかんできました。
　先生が
「二年生かえるぞ！」
といったときに、ぼくはＳくんに
「Ｓの手と、ぼくの足を合わせればいいんじゃない。」
と言いました。
　すると、
「うん。」
とＳくんがうなずきました。
　それではしると、すごくはやくなっていました。Ｓくんもぼくも、本当にうれしかったです。
　これからもおたがいにちゅういをしながらがんばっていきたいです。

終章

作文教育の真骨頂！
教師が綴るということ

1 子どもに「書きなさい」と言えるのか

　最終章にどうしても述べたいこと，それは，教師自身が綴るということです。
　作文の講座をするときに，よく僕は先生方に原稿用紙を渡して
　「題は自由に，なんでもいいから，ともかく作文を書いてください」
と言います。
　約五分間，取り組んでいただいた後，
　「子どもたちの気持ちが分かりましたか」
と言います。
　書かされるということがどういうことなのかを，まず，知っていただくためです。

　国語の授業で，子どもたちに感想を書かせる教師は，実際に自分も子どもに要求する量だけ，感想を書いてみているのでしょうか。
　原稿用紙を三枚渡して，
　「遠足の作文を二枚以上書きなさい」
という教師は，自分も四十分間で三枚の遠足の作文を書いてみたのでしょうか。

　書くことを授業にしたり，日記指導をしたりするときには，教師自身が書かなければならないと，僕は思うのです。
　また，自分の思いを綴って，子どもたちに開示していくことのない教師が，子どもに心を開けと言えるのでしょうか。
　子どもたちに伝えたいことを綴るのに，頭を悩まし，考えて言葉を紡いだことのない教師が，子どもたちに
　「書きなさい。書くって，意味のあることだよ」
と言えるのでしょうか。

終章　作文教育の真骨頂！　教師が綴るということ

自ら綴らない教師に，子どもの書いたもののねうちが分かるはずがありません。
「自分は文章表現が苦手なので……」
と言って逃げようとするのなら，子どもが
「僕は文章表現が苦手なので……」
と言ってきたら，どうするのでしょうか。
「君は子どもだから，苦手でも書きなさい」
とでも，言うのでしょうか。

　教師も書くべきなのです。そして，教師も書くことの喜びや，受け止めてもらえたうれしさを体感しなければならないのです。
　学級通信に自分の考えをきちんと文章で書いて示しましょう。そうすることで，保護者の方にも，教師の顔が見えます。どんな考えを持った先生なのかということが，伝わります。保護者からの反応もあります。保護者の意見には賛否両論があるでしょうが，書くということは，そういうことだと思います。

2　僕の綴ってきたこと

　僕は，本音を語る教師だったと思います。保護者に対しては，けっこう辛口なことも，書いてきました。
　でも，子どもたちの姿をできるだけそのままおうちの方に伝えようとしてきました。よいことも悪いことも，学校で起きている出来事をすべてできるだけ正確に書いて，おうちの方に考えていただこうとしました。

意見をはっきり書くので，賛否両論のご意見が返ってきました。

　学級の出来事に対して，子どもたち全員が同じ認識を持っていることは，まずありません。ごく一部だけを聞きかじっていたり，デマのような話だけを真に受けていたりするものです。
　放っておくと，そのまま家庭に伝わっていってしまいます。学校の側から，正しい事実をきちんと伝えなければならないのです。
　おうちの方も，
「先生はこのことをどう考えているんだろうか」
と思います。子どもの話だけでは不安になる方は多いものです。
　その結果，LINEや電話で情報収集しようとします。そのような手段で，ものごとが正しく伝わっていくはずがありません。

　僕は，大事なことは，学級通信に書き綴ってきました。
　僕の考え方に賛同できない方も，いらっしゃいました。
　でも，僕がどんな考えを持っている教師なのかを知らない方は，少なかったのではないかと思うのです。
　次ページの学級通信の場合，子どもたちの多くは消してしまった黒板の落書きについて
「水野（ほくと）君（通称，「ほっくん」）と＊＊さんがきらい」
と書いてあったと言うのです。

　よく話を聞いてみると，
「ぼくは＊＊さんがきらい」
と書いてあったのですね。
　「僕は」が「ほっくんが」に聞こえてしまって，それが広がって関係ないほっくんのことも書かれていたことになっていました。それを正確にするために訂正しました。こうしないと，ほっくんも悪口を書かれているという話

終章　作文教育の真骨頂！　教師が綴るということ

になってしまいかねないからです。

そして,「＊＊さんがきらい」と書かれていた子どもに対する僕と他の子どもたちの持つべきかまえを示しました。

被害者に対して, フォローをしていくということを保護者に伝えているのです。

さらに, 頻繁に落書きをしてしまっている子どもの「心の病」について書きました。

「自分の子どもかもしれないな」という意識を持ったり, 子どもたちとそのことについて話し合ったりしてほしかったのです。

実際, おうちで話し合いをしたと, 多くの保護者が連絡帳にそのことを書いてきてくださいました。

3 子どもたちに救われたことも、そのまま綴る

　僕はあまり立派な教師ではありませんでした。すぐにかっとなるし、言い出したら聞かないし、今でも教え子たちは、「先生はおこちゃまだから」等と言います。ふりあげた斧は、どこに落とすか、落としどころに困るものです。怒りにまかせてふりあげたものは、本当にどこにおろしたらよいのか困りました。そんなとき、いつも、子どもたちが助けてくれました。

「ぼく、ふたりとも、このクラスにいてほしいなあ」

　●先生がおこって
　「げつようから、ふたりはようちえんにいってこい」
　といったとき、いちばんさいしょにそういったのは、
　あしたかくんでした。

　金曜日、運動会の練習中、けんかして他の女の子を突き飛ばして泣かしてしまった二人の男児に、僕が腹を立ててしまって、（それまでのいきさつもあったのですが）冒頭の言葉を出してしまいました。
　いったん怒ってしまうと、手の下ろしどころがなかなか見つけられません。そんなとき、足高君が困ったような表情で、ぼそりと言ったのです。堰を切ったように、他の子どもたちも
　「僕もいてほしい」「私も二人にいてほしい」と続きました。浅川さんがさっと手を挙げて、「二人ともこのクラスにいてほしい」と、はっきり言いました。続いて、高見さんが、佐伯さん、田中君……と発言が続きました。

　今回は、僕が子どもたちに助けられました。

（1996年　1年学級通信「わかくさ」より）

エピローグ

　明治図書の林　知里さんに
　「多賀先生の作文教育の本を出させてください」
と，言っていただいたとき，僕は，東京までこれまでのたくさんの学級通信の束を抱えて持って行きました。自分の最も大切にしてきて，これまでごく一部しか本にしてこなかったことをまとめるには，編集者と思いが一致しないと，書けないと思ったからです。
　林さんはほぼ一年近くそれらを読み込んでくださって，作文教育の本のプロットを出してくださいました。
　そこから，この本の企画がスタートしたのです。僕の大切にしてきたことを，僕と同じように大事にしてくださった林さんに心から感謝いたします。

　この本の執筆中，私学での大先輩であり，若い頃，ただ作文を通信に書いていただけだった僕に，大きな作文教育への世界を広げてくださった大石進先生のお顔が何度も頭をよぎりました。
　「多賀さん，ちがうで，それは」
　「そこは，もっと子どものことを書かないとあかんで」
　そう言われているような気がしました。
　阪神大震災の直後に
　「多賀さん，作文やで。こんなときこそ作文やで」
と，僕を後押ししてくださったのも，大石先生でした。
　大石先生がいらっしゃらなかったら，僕には作文教育など，とてもとても語ることはできなかっただろうと思います。
　大石先生に感謝いたします。

この本を書きながら，何度も子どもたちの書いたものや学級通信を読み返しては立ち止まり，その子たちとの思い出に浸ってしまう―そんなことの繰り返しでした。

　その分，執筆にはいつもより時間がかかりました。

　「この子たちがいて，今の僕がある」ことを，改めて強く思わされる機会となりました。至福の時間でした。

　改めて，僕の出会ったすべての子どもたちに，深く感謝します。

　なお，カットは濱口恵美さんにお願いしました。アニメ風のカットが重たくなりがちなこの本を明るい感じにしてくれたと思います。深謝いたします。

　この本は，大石　進先生，阪神大震災の後からずっと，僕を認めて支えてくださった作文教育の大先輩である那須備述先生，そして甲南小学校で僕の後を引き継いで作文教育を実践し続けている一番弟子の森　幸彦先生，その三人の先生方に捧げます。

　2015年1月

　　　　　　　　　　　　　　追手門学院小学校　　多賀　一郎

参考文献

　ほとんどの本は，絶版になっています。ここから直接使わせていただいたものはおそらく少ないのですが，僕の言葉は，こうした数々の文献で使われていた言葉から派生したものであることは，まちがいありません。

　どこをどう使ったかは，今となっては，振り返りようもないので，できるだけ僕が読み込んできた文献をあげたいと思います。

『生活綴り方と教育』　　　　　　　　　　　　　　　　　小川太郎　明治図書
『教育実践記録選集　第3巻　学級革命』　　　　　　　　小西健二郎　新評論
『子どもの発達と生活綴り方』
『子どもの能力と学力』　　　　　　　　　　　　　　　　坂元忠芳　青木書店
『「子ども」をどれだけ知っているか』　　　　　　　　　深谷昌志　明治図書
『母と子の深層』　　　　　　　　　　　　　　　　　　　秋山さと子　青土社
『先生と生徒の人間関係』　　　　　　　　　ハイム・ギノット　サイマル出版会
『作文指導の体系化と創造的展開』　　　　　　　　　　　瀬川栄志　明治図書
『子どもの詩の書かせかた〈小学校4・5・6年〉』　　　畑島喜久生　鳩の森書房
『児童詩教育入門』　　　　　　　　　　　　　　　　　　江口季好　百合出版
『山びこ学校』　　　　　　　　　　　　　　　　　　　無着成恭／編　角川文庫
『どの子も見える魔法のめがね』　　　　　　　　　　　　西條昭男　清風堂書店
『日記指導と生活綴り方』　　　　　　　　　　　　　　　橋本誠一　新評論
『子どもを伸ばす生活綴方』　　　　　　佐古田好一・河野幹雄／編　青木書店
『都市の子どもの作文教室』　　　　　　　　　　　　　　中川　暁　日本書籍
『ことばと教育』　　　　　　　　　　　　　　　　　　　倉沢栄吉　学陽書房
『文章を書くこころ』
『文章を書くヒント』　　　　　　　　　　　　　　　　　外山滋比古　PHP文庫
『子どもの宇宙』　　　　　　　　　　　　　　　　　　　河合隼雄　岩波新書
『児童詩集　先生はいかんよ』　　　　　　　　　　　　　岡本博文　百合出版
『作文指導法の理論』
『あらゆる機会をとらえる作文指導』　　　　　　　　　　高森邦明　明治図書
『看図作文指導要領』　　　　　　　　　　　　　　　　　鹿内信善　渓水社
『レイアウト事典2』（デザイン・ハンドブック・シリーズ）
　　　　　　　　　　　　　　　　　　　　　　　　内田広由紀　視覚デザイン研究所

【著者紹介】
多賀　一郎（たが　いちろう）
神戸大学附属住吉小学校を経て私立小学校に長年勤務。現在，追手門学院小学校講師。専門は国語教育。
親塾など，保護者教育に力を注いでいる。また，教師塾やセミナー等で，教師が育つ手助けをしている。
絵本を通して心を育てることをライフワークとして，各地で絵本を読む活動もしている。

著書：『子どもの心をゆさぶる多賀一郎の国語の授業の作り方』『全員を聞く子どもにする教室の作り方』『今どきの子どもはこう受け止めるんやで！』『一冊の本が学級を変える―クラス全員が成長する「本の教育」の進め方』『今どきの１年生まるごと引き受けます』（以上黎明書房），『これであなたもマイスター！国語発問づくり10のルール』『１から学べる！成功する授業づくり』『ヒドゥンカリキュラム入門―学級崩壊を防ぐ見えない教育力―』『学級づくり・授業づくりがうまくいく！プロ教師だけが知っている50の秘訣』『学級担任のための「伝わる」話し方』（以上明治図書）

共著：『教室で家庭でめっちゃ楽しく学べる国語のネタ63』『教室からの声を聞け』（以上黎明書房），「THE 教師力」シリーズ『THE 教師力』『THE 学級経営』『THE 学級崩壊』等多数（明治図書）

クラスを育てる「作文教育」
書くことで伸びる学級力

2015年２月初版第１刷刊　Ⓒ著　者　多　賀　一　郎
　　　　　　　　　　　　　発行者　藤　原　久　雄
　　　　　　　　　　　　　発行所　明治図書出版株式会社
　　　　　　　　　　　　　　　　　http://www.meijitosho.co.jp
　　　　　　　　　　　　　（企画・校正）林　知里
　　　　　　　　　　〒114-0023　東京都北区滝野川7-46-1
　　　　　　　　　　振替00160-5-151318　電話03(5907)6703
　　　　　　　　　　　　　ご注文窓口　電話03(5907)6668

＊検印省略　　　　　組版所　中　央　美　版

本書の無断コピーは，著作権・出版権にふれます。ご注意ください。

Printed in Japan　　　　　ISBN978-4-18-178430-0

ヒドゥンカリキュラム入門 学級崩壊を防ぐ見えない教育力

多賀一郎 著

その指導、学級崩壊の原因かも?!

同じようにやっているのにうまくいかないのは…なぜ？→それは、若手教師がなかなか意識できない「かくれたカリキュラム」が働いているから！ 学級づくりや授業づくり、保護者対応などのシーン別に、トラブルの芽＆成功の素となる教師のふるまい・指導をズバリ解説。

こんな状態には要注意！

- 授業が時間通りに終わらない
- 教室にゴミが落ちている
- お願いしやすい子ばかりに用事を頼む
- 毎日遅くまで残業している
- 「後でね」と言って「後」の機会をつくらない

⬇

クラスのトラブルを未然に防ぐ意識的なアプローチを始めよう！

四六判・168頁・本体 1,660円＋税
図書番号 1194

明治図書 携帯・スマートフォンからは **明治図書ONLINE へ** 書籍の検索、注文ができます。▶▶▶

http://www.meijitosho.co.jp

〒114-0023 東京都北区滝野川7-46-1 ご注文窓口 TEL 03-5907-6668 FAX 050-3156-2790

＊併記4桁の図書番号（英数字）でHP、携帯での検索・注文が簡単に行えます。

＊価格は全て本体価格表示です。

「話し方」改善で、「伝わる」指導を実現！

学級担任のための「伝わる」話し方

多賀一郎 著

【図書番号：1649】四六判・160頁・本体 1,660 円+税

教師にとって、「話す」ことは全ての指導につながる重要な要素。本書では、生徒指導・学級指導や授業における指示、さらには保護者への発信など、場面場面に適した「話し方」を紹介。「話し方」力アップで、教師としてもさらにレベルアップ！

【目次】
1章　教師として「身につけておくべき」話し方の基本
2章　「生徒指導・学級指導」での話し方
3章　「授業」での話し方
4章　「保護者」への話し方

- 生徒が「聞きやすい」話し方とは？
- 子どもたちが話を聞いてないと感じたら？
- どうしても説明が長くなってしまう場合は？
- 保護者との面談での話し方・聞き方は？

「話し方」ひとつで指導の効果は変わる！

「教えること」を教える先生が書いた！

教師のための「教える技術」

向後千春 著

【図書番号：1192】四六判・192頁・本体 1,800 円+税

プロとしての「教える技術」を持っている―と胸を張って言えますか？授業・学級が崩壊してしまうのは、「教える技術」を身に付けていないからに他なりません。「教え方」に悩むすべての先生に向けた、「教えること」を教える先生による、「教える技術」決定版！

「教える技術」とは？
教えるべき相手を前にしたとき、相手に合ったさまざまな方法で教えられること。ひとたび学級がうまくいかなくなると、「教える技術」を持たない限り、回復することはできません。「教える技術」は単純な原則でできています。続きは本書で！

教師力＝**3**つの能力！
- プロとしての教え方を究める **教える技術**
- インストラクショナルデザインが拓く **授業デザイン力**
- アドラー心理学に基づく **クラス運営力**

明治図書　携帯・スマートフォンからは **明治図書 ONLINE へ**　書籍の検索、注文ができます。▶▶▶

http://www.meijitosho.co.jp　＊併記4桁の図書番号（英数字）でHP、携帯での検索・注文が簡単に行えます。

〒114-0023　東京都北区滝野川7-46-1　ご注文窓口　TEL 03-5907-6668　FAX 050-3156-2790

＊価格は全て本体価格表示です。

教師塾・親塾が大好評！ 多賀一郎先生の本

小学校国語科授業アシスト シリーズ
これであなたもマイスター！
国語発問づくり 10のルール

B5判・132頁・本体2,060円＋税　　図書番号 0938

10のルールで国語発問づくりのマイスターになろう！

国語授業の成否は発問で決まるといっても過言ではない―では、どうすれば授業が成功する発問がつくれるのか？　国語授業のプロフェッショナルである著者が、長年の経験から導き出した、発問づくり10のルールを大公開！　これを読めば発問づくりはもう怖くない！

目次より

第一章　国語発問づくり10のルール　発問づくりで、考えておかねばならないこと
　1．授業を組み立てる　　2．切り口を提示する　　3．練りに練る　　4．指示と発問は使い分ける
　5．学年に合わせて具体的にする　　6．文章に向かわせる　　7．平板にならないようにする
　8．子どもの動きに合わせる　　9．板書・ワークシートと連動する　　10．教えることをはっきりさせる

第二章　発問を支える教師の話し方・聞き方
　1．声の大小を使い分ける　　2．話すスピードを少し速めにする　　3．間の取り方を学ぶ
　4．子どもの声を聞き取る　　5．発言のパターンをつかむ

第三章　10のルール　実践編
　前時を振り返る発問／考え合いを生む発問／ステップを考えた発問／わざと曖昧にする発問／問いかけない発問／文章を分析する発問／子どもが動き出す発問／つぶやきを活かす発問／板書とつなげた発問　など

第四章　発問マイスターになるためのQ＆A

はじめての学級担任④
1から学べる！
成功する授業づくり

A5判・144頁・本体1,900円＋税　　図書番号 0859

明日の授業が楽しみになる！子どもを伸ばす授業のつくり方

授業をどれだけ楽しく知的な時間にできるかが、教師の腕の見せ所。では、教材研究はどうしたらいい？　板書は？　机間指導は？　ノートチェックは？　そんな初任者の悩みにこたえる渾身の1冊。毎日の授業を成功させるためのエッセンスを凝縮しました！

明治図書　携帯・スマートフォンからは **明治図書ONLINE** へ　書籍の検索、注文ができます。　▶▶▶

http://www.meijitosho.co.jp　＊併記4桁の図書番号（英数字）でHP、携帯での検索・注文が簡単に行えます。

〒114-0023　東京都北区滝野川7-46-1　ご注文窓口　TEL 03-5907-6668　FAX 050-3156-2790

＊価格は全て本体価格表示です。